Monnica Hackl

Deine Glückssymbole

Monnica Hackl

Deine Glückssymbole

111 magische Schutzschilde für Gesundheit, Familie, Karriere und Glück

Mit 111 Abbildungen
und 6 Fotos

Mit Beilage »Ihre persönlichen Glückssymbole«

Herbig

Alle Ausführungen und Ratschläge in diesem Buch wurden von der Autorin sorgfältig geprüft und vom Verlag erwogen. Dennoch kann eine Haftung der Autorin bzw. des Verlags für Personen-, Sach- und Vermögensschäden nicht übernommen werden und ist deshalb ausgeschlossen.

Besuchen Sie uns im Internet unter
http://www.herbig.net

Gedruckt auf chlorfrei gebleichtem Papier

Umschlaggestaltung: Karin Niedermeier, München
Herstellung und Satz: VerlagsService Dr. Helmut Neuberger & Karl Schaumann GmbH, Heimstetten
Gesetzt aus der 12/16 Punkt Goudy
Druck und Binden: Westermann Druck Zwickau GmbH
Printed in Germany
ISBN 3-7766-2298-9

Inhalt

1

Glückssymbole in Ost und West

Der Wunsch und das Wissen, mit magischen Handlungen sein Leben vorteilhaft zu beeinflussen, ist in allen Kulturen vorhanden. Die Menschen haben immer und überall versucht, ihrem Glück auf die Sprünge zu helfen, Schaden abzuwenden und das Schicksal zu korrigieren. Viele Volksbräuche, Lieder und Gewohnheiten dienen in Wirklichkeit dazu, dem eigenen Heim und der Familie Glück und Gesundheit zu sichern. Diese alten Bräuche werden heute bei uns im Zuge der Technisierung und Modernisierung als altmodisch und abergläubisch belächelt. Auch gibt es nicht mehr viele Menschen, die um den Sinn und Wert magischer Handlungen wissen.

Aber wie so oft kommt das Verdrängte durch die Hintertür wieder herein, allerdings im neuen, fremdartigen Gewand! So ist es auch mit der Welle des Feng Shui, die aus Fernost zu uns in die westliche Welt hinübergeschwappt ist. Dies bedarf einer kurzen Erklärung: Die Kunst des Feng Shui, die aus dem fernen China kommt, beschäftigt sich damit, im Einklang mit den Kräften der

Natur und mit Hilfe magischer Objekte die allergünstigsten Wohnbedingungen für den Menschen zu erschaffen. Dabei geht es nicht nur darum, sich in den eigenen vier Wänden wohl zu fühlen und ein angenehmes Zuhause zu haben. Auch berufliche Karriere, finanzielle Verbesserung und Zufluss von Geld sollen durch Feng Shui angeregt werden. Das Ganze ist jedoch keine einfache Angelegenheit, sondern vollzieht sich nach umfangreichen und mühevollen Berechnungen, die sich nach dem Horoskop des Familienvaters richten, der in Asien immer noch die wichtigste Rolle spielt und unumstritten die Hauptperson ist. Auch vielerlei andere Gesichtspunkte, wie die Windrichtung, der Verlauf der Zufahrtsstraßen oder die Lage der benachbarten Häuser müssen hierbei in Betracht gezogen werden. Ein spezieller, sehr schwer zu lesender Kompass wird für diese Arbeit verwendet, die nur von gut ausgebildeten Fachleuten durchzuführen ist. Die Symbole, mit deren Hilfe Reichtum, Gesundheit und Harmonie herangezogen werden sollen, wirken auf uns sehr fremdartig und manchmal auch grotesk.

Ich denke dabei an ein – nach chinesischer Ansicht – sehr wirksames Symbol, um sein Geld zu vermehren, nämlich an die dreibeinige Kröte: Sie ist über und über mit Warzen bedeckt, hockt mit ihrem fettem Körper und den drei Beinen auf einem Haufen voller Goldmünzen, im breiten Maul hält sie ein Goldstück fest. Dieses Prachtstück kann man in Asien, wo ich immer wieder für einige Zeit lebte, in allen Größen aus Plastik, Holz oder Stein erstehen. In die richtige Ecke des Hauses gestellt, sorgt das Tier für einen angeblich nicht enden wollenden Strom von Geld. Mittlerweile werden auch hierzulande echte und angeblich echte asiatische Glückssymbole von Esoterikläden vertrieben, die auch in westlichen Häusern für eine zusätzliche Portion Reichtum sorgen sollen. Es handelt sich dabei um Anordnungen von Münzen, Glasspiralen, Flöten, Schwertern und Tierfiguren, die – an bestimmten Stellen angebracht – das Glück heranziehen sollen.

Die Feng-Shui-Welle boomt auch bei uns, obwohl hierzulande nur wenige Menschen wirklich wissen, was all diese magischen Objekte genau bedeuten und bewirken. Leider habe ich im Laufe der Jahre mehrmals beobachten können, wie sich eine anfängliche Glückswelle, die wohl durch diese Gegenstände initiiert worden war, schließlich in ihr Gegenteil verkehrte und die Menschen bedürftiger als je zuvor dastanden. Aufgrund dieser Beobachtungen stehe ich einem übertriebenen oder laienhaft angewandten Feng Shui eher etwas kritisch gegenüber.

Ein Gutes aber hat die Beschäftigung mit den fernöstlichen Glücksbringern an sich: Sie lehrt uns nämlich, dass auch wir im Westen adäquate Methoden haben, um Glück und Wohlergehen zu uns heranzuziehen. Die westlichen Praktiken haben für uns sogar mehrere Vorzüge. Zuerst einmal sind sie ganz individuell und helfen, unsere berechtigten individuellen Wünsche zu erfüllen und unsere Sorgen zu lindern. So etwas wie Individualität ist nämlich im asiatischen Raum unbekannt, es besteht vielmehr die Auffassung, dass der Einzelne sich in die Gesamtheit einzufügen und sich ihr unterzuordnen habe, ohne aus ihr hervorzutreten. Erst durch diesen Akt der Unterordnung zeigt er demnach Entwicklung und Weisheit. Das widerspricht unserer westlichen Auffassung von einem ganz persönlichen Glück – ob nun berechtigt oder unberechtigt, sei dahingestellt.

Die Menschen des Westens empfinden bestimmt keine besonderen Glücksgefühle bei der Vorstellung, in der Gesamtheit aufzugehen oder die persönlichen Bedürfnisse und Wünsche im Hinblick auf das große Ganze zurückzustellen. Auch die Idee, nur ein kleines Nichts zu sein, dessen einziges Bestreben es ist, sich in das Getriebe des Ganzen einzufügen, erweckt eher Widerstand als unsere Zustimmung. Denn in unserer Kultur wird viel eher die Entwicklung des Individuellen und des Widerspruchs gefördert als das Aufgehen in der Masse. Letzteres empfinden wir als negativ.

Als nächster Vorteil unserer europäischen Methoden ist zu bedenken, dass es sicherlich nicht sehr harmonisch ist, unsere Wohnräume mit asiatischen Symbolen zu überfrachten, deren Bedeutung und Wirkung wir kaum erfassen können – von ästhetischen Gesichtspunkten einmal ganz abgesehen. Auch im Abendland gab und gibt es wunderbare Möglichkeiten, um zu unserem Glück zu kommen. Wer die Sprache der bildhaften Darstellungen an romanischen und gotischen Kirchen deuten und verstehen kann, weiß um diese Geheimnisse. Hier hatten die Figuren und Dekorationen der Portale und Fassaden teilweise die Aufgabe, unheilvolle Kräfte von außen abzuwehren.

Wer wie ich längere Zeit in Asien verbracht hat, kennt auch die Unterschiede in den emotionalen Welten des Ostens und des Westens. Im Osten gehören vier übergeordnete Themen zu den ständig wiederkehrenden Fragen und Wunschlisten, und zwar genau in dieser Reihenfolge:

1. Wie komme ich zu mehr Geld?
2. Wie komme ich zu einem Ehemann?
3. Wie kann ich Karriere machen?
4. Wie werde ich gesund?

Andere Fragen hörte ich kaum. Während der Zeiten, die ich in Asien verbrachte, habe ich unter anderem auch zahlreiche schamanische Beratungen und Behandlungen durchgeführt, dabei wurde ich immer wieder über diese vier Themen befragt, wobei Thema Nummer zwei natürlich immer nur so lange aktuell ist, bis der passende Partner gefunden ist. Danach überwiegen die Fragen nach mehr Geld und einer erfolgreichen Karriere.

Hierzulande hingegen hören sich die Probleme der Menschen etwas anders an. Zwar sind uns westlichen

Menschen natürlich die oben genannten Themenkreise ebenfalls sehr wichtig, aber unsere Formulierung ist viel persönlicher und individueller. Da kommt es z. B. vor, dass sich Eltern einen guten Platz in einem Heim für ihr behindertes Kind wünschen und deshalb um ein helfendes Symbol bitten; ein verheirateter Mann wünscht sich ein Symbol, mit dem er die Sprache der Liebe zu seiner Frau neu entdecken kann; ein junges Mädchen sucht nach einem Symbol, das die Trennung von ihrem Freund erleichtert. Die Wünsche werden also bei uns viel persönlicher und genauer formuliert, als ich es von Asien her gewohnt war. Die westlichen Menschen haben das Gefühl, dass ihnen mit einem allgemeinen Glückssymbol nicht viel geholfen werden kann. Sie wünschen sich vielmehr ein ganz persönliches magisches Zeichen, um in solchen Situationen auch wirklich etwas erreichen zu können.

Glücklicherweise steht uns hier das Mittel der schamanischen Reise, d. h. einer Erweiterung des Bewusstseins in die Wirklichkeiten hinter oder neben unserer bekannten Welt zur Verfügung. Durch eine willentliche Veränderung der Gehirnwellen von der allgemein hin vorherrschenden Betawellentätigkeit auf die niedriger schwingenden Thetawellen hin ist es möglich, in eine bildhafte Welt voller magischer Muster einzutreten. Diese Bilderwelt entspringt aus unserer Kultur und entspricht unseren Wünschen und Vorstellungen. Man könnte auch sagen, unser Gehirn versteht diese Zeichen und kann etwas mit ihnen anfangen.

Für mich persönlich war es eine ziemliche Überraschung, als ich für dieses Buch einmal die Themen der gewünschten Schilde nach Zahlen ordnete. Am allermeisten waren Schilde zur persönlichen Entwicklung (31) gefragt, dazu zählen auch die sieben Schilde zur spirituellen Entwicklung (insgesamt 39). In viel geringerem Maße folgten dann fast gleichwertig Karriere (19) und Schutz (17). Als Nächstes wurden Schilde für die Gesundheit (16) erbeten, gefolgt von Schutzschilden für familiäre Probleme ((14). Ich hatte nur zwei Anfragen, bei denen es um die Vermehrung von Reichtum und Geld ging. Wenn ich diese Aufstellung betrachte, bin ich stolz auf all die Menschen, die mich damit beauftragten, ihnen die passenden Symbole für ihr Glück und Wohlbefinden zu suchen! Ich denke, sie wissen, worauf es wirklich ankommt. Obwohl natürlich materieller Besitz für unser Sicherheitsempfinden sehr wichtig ist, kann er durch irgendwelche Umstände unerwartet verloren gehen oder vernichtet werden. Auch wenn wir am Ende unseres Lebens einmal in die obere Welt gehen werden, können wir mit Sicherheit nichts von unserem Geld oder Besitz mitnehmen, sondern nur uns selbst.

Ich bekam einmal eine Karte mit einem indischen Sprichwort geschenkt:

»Was du bist,
ist ein Geschenk Gottes an dich.
Was du wirst,
ist dein Geschenk an Gott.«

Sofort hatte ich das Bild eines entzückendes Päckchens, das in rosa Seidenpapier gehüllt und mit einer goldenen Schmuckschleife verziert war, vor Augen. Was können wir im Leben auch Schöneres anstreben, als eines der nettesten Geschenke zu werden, die Gott je bekommen hat! Dazu verhelfen die meisten Symbole in diesem Buch. Sie verhelfen aber auch zu unserem persönlichen Glück, denn es macht uns tatsächlich selbst glücklich, ein wenig vollkommener zu werden.

2

Die drei Welten

Wenn wir in die geheimnisvolle Welt der Schilde eindringen wollen, ist es hilfreich, uns zuerst mit dem schamanischen Modell von Kosmos und Erde vertraut zu machen. In allen Kulturen ähnelt sich die Auffassung der Schamanen von der Welt. Sie glauben, dass es neben unserer Erde noch zwei andere, völlig autonome Welten gibt, die sich über und unter der unseren befinden. Eine Auffassung, die uns Europäern gar nicht so fremd sein sollte, kennen wir sie doch, etwas verfälscht, aber von der Topographie her korrekt, auch aus der christlichen Kunst. Wie oft sieht man nicht auf einem Barockgemälde eine Begebenheit dargestellt, die wir von der Legende her oder aus den heiligen Schriften kennen; darüber befindet sich eine andere Szene, die sich im Himmel oder, schamanisch ausgedrückt, in der Oberen Welt abspielt, und unter all dem lodern die Feuer der schrecklichen Hölle oder der Unteren Welt, die für die Schamanen eine Welt des Wissens ist. Diese Bilder und Vorstellungen sind viel tiefer in uns verankert, als wir meinen.

Hier setzt eine grundsätzliche und schwer wiegende Verfälschung durch die Amtskirchen ein, welche aus der bergenden Höhle die Hölle machten, wohl aus Angst, dass das in ihr gespeicherte Wissen die Menschen frei machen und dem Kirchenapparat gefährlich werden könnte.

Diese drei Welten bestehen völlig gleichwertig nebeneinander, d. h. es gibt keine, die besser oder mehr wert ist als die andere.

Ein Umstand, mit dem besonders einige Esoteriker der jüngeren Zeit ihre Schwierigkeiten haben. Für sie ist die Obere Welt, in der sich das angeblich so reine, weiße Licht befinden soll, in der es nichts Irdisches mehr gibt, auf jeden Fall die beste aller möglichen Welten. Dabei beschäftigen sie sich fast immer mit den Produkten ihrer eigenen Phantasie oder mit ihren persönlichen Lieblingsvorstellungen.

Jede dieser Welten beherbergt ganz spezifische Lebensformen und Autoritäten, an die man sich wenden kann. Jede dieser Welten ist in sich abgeschlossen und hat einen Himmel, der sich nachtblau, wolkenbedeckt, drohend oder in sonniger Heiterkeit über die verschiedenen Landschaften spannt: über tief eingekerbte, felsige Talschluchten, auf deren Grund schäumendes Wildwasser in eisiger Kälte rauscht; über sanfte Niederungen und Hügel, die in dem ewigen Grün Arkadiens leuchten; über Wüsten, in denen ein heißer, trockener

Wind immer neue karge Formen entstehen lässt; über Meere und Seen, deren unaufhörlich sanfter oder donnernder Wellenschlag an sandige, steinige, felsige Ufer schlägt; über breite Flüsse, die zu unbekannten Zielen strömen und die alles mit sich tragen, was in sie hineinfällt.

Sie sind ebenso großartig und schön wie der Planet, auf dem wir leben. Diese Welten sind voll von Tieren der Kraft; geflügelte Pferde äsen neben Hirschen, Drachen fliegen durch die Lüfte und freundliche Löwenfamilien lassen sich ihr Fell von der Sonne erwärmen. Doch nicht nur Tiere bewohnen die anderen Welten, sondern es leben auch Wesenheiten in ihnen, die äußerlich uns Menschen ähneln: Alte wettergegerbte Geschöpfe, strahlende Feenwesen, gigantische Gestalten, Kobolde und das kleine Volk bevölkern diese Welten. Alle Geschöpfe, die wir aus Sagen und Legenden kennen, haben sich dorthin zurückgezogen und warten nur darauf, von uns entdeckt zu werden, um ihr Wissen mit den Würdigen zu teilen.

Einige unserer Märchen tragen Spuren dieser Wahrheit noch in sich und erzählen uns von Menschen, die einst in die Untere Welt gelangten. Eingang dazu ist z. B. der Brunnen im Märchen von Frau Holle. Der Soldat aus Andersens Märchen lässt sich in einen hohlen Baumstumpf hinabgleiten, um den Zauber dieser Welt zu erleben. Andere Geschichten erzählen, dass Menschen, die die Feenwelt schauen konnten, erblindeten. Auch dieses Märchen enthält eine tiefe Wahrheit: Die andere Wirklichkeit lässt sich am besten sehen, wenn man »blind« für seine Umgebung ist. Man könnte auch sagen, man sieht sie am besten mit geschlossenen Augen.

Wir müssen uns, um die Magie der Schilde zu erforschen, an einen bestimmten Ort dieser Unteren Welt begeben, um unsere Bitte vorzubringen. Dort finden wir nichts von dem Schrecken, den ihr spätere Zeiten andichteten; sie ist vielmehr ein Hort des Wissens von Kräften, Pflanzen, Mineralien und fernem wirksamem Zauber.

Diese Reise erfordert Mut und die Bereitschaft, die festgefahrenen Strukturen unserer modernen rationalen oder technischen Gedankenwelt zu übersteigen. Sie erfordert Demut und geistige Flexibilität, um das dort Erfahrene annehmen und umsetzen zu können. Denn was nützt uns das tiefste Wissen, wenn wir nicht dazu in der Lage sind, es in unserer Mittleren Welt zu verankern: Wir erfahren, welche Pflanze uns Heilung bringen könnte, und wir wenden sie nicht an; wir hören die Lösung für eines unserer Probleme, und wir folgen ihr nicht.

Es ist dann ebenso wie mit dem uneingelösten Rezept eines Arztes – selbst die beste Arznei kann nicht eher wirken, als bis wir zwei Schritte unternommen haben und als Erstes die Worte, die auf diesen schmalen Papierstreifen geschrieben sind, in die dreidimensionale

Wirklichkeit holen lassen. Wir geben also das Rezept in der Apotheke ab und erhalten eine Schachtel mit Tabletten. Aber auch dieser erste Schritt bringt uns nicht viel weiter, wenn wir uns nicht dazu aufraffen, dieses Heilmittel tatsächlich einzunehmen. Denn es kann nur wirken, wenn wir bereit sind, es einzulösen, bereitzustellen und schlussendlich auch zu schlucken.

Ebenso ist es natürlich mit Ratschlägen und Zeichen, die man in der Unteren Welt übermittelt bekommt. Wenn wir diese Bereitschaft nicht aufbringen, häufen wir nur Rezepte an, von deren Heilkraft wir nie erfahren werden, einfach deshalb, weil wir sie nie erprobt haben – ungehobene Schätze aus einer anderen Wirklichkeit. Früher suchte ich auf Anfrage oft nach Rezepten aus der Unteren Welt und erhielt sie auch. Wenn ich dann Wochen später nachfragte, bekam ich oft zu hören: »Ich habe es nicht ausprobiert.«

So verflüchtigt sich das Wissen dieser Welten und gelangt nicht mehr in unsere Zeit hinein. Die Ratschläge, die diese Wesen uns geben, sind keinesfalls kompliziert oder gefährlich, sondern vielmehr sehr einfach und sehr vernünftig. Meist so einfach und vernünftig, dass wir an der Wirkung zweifeln möchten.

Denn es ist jedem Menschen möglich, diesen Anweisungen ohne große Mühe oder Kosten zu folgen. Im Allgemeinen erfordern sie – wie alle Anwendungen der Naturmedizin – nur etwas Eigeninitiative und den Willen, selbst etwas zu tun. Wem es zu lästig ist, heilende Wickel zu machen oder auf bestimmte Nahrungsmittel zu verzichten, schiebt das oft auf die Anweisung selbst und sagt dann: »Es hat nicht geholfen.« In Wirklichkeit hat er selbst vielleicht nur ein einziges Mal das ausgeführt, was ihm empfohlen wurde; in vielen Fällen liegt das »Rezept« noch ungenutzt in einer Schublade.

Die »Medizin« der Unteren Welt will angewendet werden und kann dann auch von großem Nutzen sein, ob es sich dabei nun um Pflanzenrezepte oder Schilde handelt.

3

Schamanische Schutzschilde

Da nur wenige Menschen gelernt haben, mit dem schamanischen Bewusstseinszustand verantwortlich und diszipliniert umzugehen und zudem jahrelange Erfahrungen erforderlich sind, um präzise Informationen zu erhalten, habe ich diese Sammlung von Schilden und magischen Mustern zusammengestellt, die ich selbst aufgrund von Aufträgen einzelner Personen für die verschiedensten Anlässe gehoben habe.

Was ist nun ein Schild? Ein schamanischer Schild ist ein Gegenstand, dessen äußere Form und Gestaltung auf einer schamanischen Reise geschaut wurde und der einem ganz bestimmten Zweck dient. Die Form unterscheidet sich in nichts von dem bekannten Rundschild, der dazu dient, feindliche Angriffe abprallen zu lassen. Der einzige Unterschied liegt in der Art seiner Bespannung. Während der Kampfschild eine harte und feste Oberfläche braucht, um seinen Träger vor Pfeilen, Steinen oder Hieben zu schützen, besitzt der schamanische Schild einen kreisrunden Rahmen aus biegsamem Holz, über den ein weiches helles Lederstück gespannt ist, das schon dem sanften Druck einer Hand nachgibt.

Aber auch der schamanische Schild soll ja schützen, und er tut dies auch, aber nicht aufgrund eines harten abweisenden Materials. Es sind vielmehr die Muster, die er trägt und seine ganz spezielle Ausschmückung, z. B. mit Federn, Garnkordeln, Pflanzen oder anderen Gegenständen aus der Natur, die ihn zu einem wirksamen Schutzschild machen.

Solche Schilde sind auf Ausstellungen indianischer Kunst- und Gebrauchsgegenstände nicht selten zu sehen. Da der geheime Sinn dieser Gegenstände nicht mehr bekannt ist und aufgrund des weichen Materials keine Schutzfunktion zu erwarten ist, sind sie meist mit dem Hinweis »Schmuckschild« oder »Zeremonialschild« gekennzeichnet.

Zu Beginn meiner schamanischen Arbeit fertigte ich die gefundenen Schilde auch noch auf die traditionelle Art und Weise an. Das heißt, ich ging auf die Suche nach passenden Zweigen, die lang und sanft genug waren, um sich biegen zu lassen, und formte damit den Rand des Schildes. Als Nächstes musste die Bespannung gewählt und bemalt werden und mussten schließlich diverse Gegenstände aus der Natur erst einmal gefunden und dann verarbeitet werden. Es dauerte Wochen, bis ein solcher – zugegebenermaßen sehr schöner – Schild tatsächlich fertig gestellt war.

Obwohl sie mit der Wirkung dieser Schilde zufrieden waren, beschwerten sich meine Auftraggeber immer öfter darüber, dass es ihnen zu lange dauern würde, bis sie ihren Schild bekämen. Ich konnte auch verstehen, dass Menschen, die ein drängendes Problem hatten oder einen Schutz brauchten, nicht allzu lange warten wollten, bis etwas für sie getan wurde. Schließlich gab es auch Schilde, die unter Zeitdruck und in einer gewissen Frist übergeben werden mussten. Dazu gehörten Schilde, die z. B. auf eine bevorstehende Operation, Prüfung oder Entscheidung einwirken sollten.

Also begann ich darüber nachzudenken, wie ich Schilde auf einem schnelleren Wege herstellen könnte, ohne dass sie etwas von ihrer Wirkung verlören. Nach einiger Zeit erkannte ich, dass die Lösung – wie so oft – schon gefunden war, bevor die Frage nach ihr überhaupt aufgetaucht war. Wenn ich mich mit der Bitte um einen bestimmten Schild in die Untere Welt begeben hatte, dann musste ich die dort gefundene Information ja irgendwie festhalten, um eine Vorlage für meine Arbeit an diesem Schild zu haben. Ich verwendete dazu immer einen quadratisch zugeschnittenen Notizblock, auf dem ich Namen des Auftraggebers sowie den Zweck des Schildes festhielt und eine Zeichnung von ihm hinzufügte. Diese Skizze heftete ich an meinen Arbeitsplatz, wo sie, neben vielen anderen, darauf wartete, zu einem Schild verarbeitet zu werden. Auch das Datum, an dem ich den Schild gehoben hatte, war darauf vermerkt.

Meine Klienten hatten mir des Öfteren gesagt, dass sie eine deutliche Veränderung der leidigen Situation erfahren hatten, und zwar schon lange Zeit, bevor sie den Schild selbst dafür ausgehändigt bekamen. Ich hatte nie besonders darüber nachgedacht und geglaubt, dass psychologische Gründe dafür verantwortlich seien; denn schließlich hatten sie über ihr Problem gesprochen und wussten, dass etwas dafür getan wurde. Erst als mich eine Klientin, die in einer äußerst unangenehmen Situation beruflicher Art steckte, anrief, um mir zu sagen, dass es nicht mehr nötig sei, einen Schild für sie zu holen, denn seit gestern hätte sich alles überraschend von selbst gelöst, ging mir ein Licht auf.

Denn im Morgengrauen des gestrigen Tages hatte ich den vor Wochen in Auftrag gegebenen Schild gehoben und auf einen Notizzettel aufgezeichnet. Sollte das allein schon genügen, bedurfte es keiner mühseligen Wanderungen mehr, keiner Stunden der handwerklichen Arbeit, um den eigentlichen Schild anzufertigen? Ging es beim Heben der Schilde hauptsächlich um das magische Muster, und war die Herstellung aus Leder, Zweigen und Federn nicht unbedingt notwendig?

Ich begann zu experimentieren. Da ich meist sehr lange brauchte, um schamanische Schilde anzufertigen, hatte ich eine längere Warteliste von Aufträgen, die ich jetzt zügig zu bearbeiten begann. Jedes dieser Muster wurde von mir sorgfältig auf Papier aufgezeichnet und dann von einem Kreis, der für den Rand des Schildes stehen sollte, umgeben. Ich verwendete dazu eine Schablone mit einem Durchmesser von 7,5 cm; so kam es zu einem gut erkennbaren Muster, das wegen seiner Größe leicht zu versenden und bei sich zu tragen war.

Die Wirkung unterschied sich in nichts von den so arbeitsintensiven, dreidimensionalen Schilden, die ich zuvor mit so viel Aufwand an Zeit und handwerklicher Gestaltung angefertigt hatte.

4

Die magische Formel

Wie zuvor erwähnt, bestanden die schamanischen Schilde, von einem gewissen Zeitpunkt meiner Arbeit an, »nur« noch aus einem quadratischen Stückchen Papier, auf das ich ein – von einem Kreis umgebenes – Muster gezeichnet hatte.

Dieser schützende Kreis ist von ungeheurer Wichtigkeit, denn er grenzt die magische Formel ein, unterstreicht sie gleichsam und verstärkt dadurch ihre Dynamik und Dauer. Ein Muster, das ohne diese Begrenzung im Raum steht, verliert einiges an Wirkung, seine ursprüngliche Kraft verflacht, und es verbleicht schließlich als namenloses Gebilde im zweidimensionalen Raum. Meiner Erfahrung nach wirken solche Muster nur für eine gewisse und zu kurze Zeit; ihre Kraft scheint gleichsam zu versickern. Durch die Kreisform jedoch wird die magische Formel »jung« gehalten. Ihre Macht verblasst nie, und noch nach Jahren können solche Schilde an Menschen mit ähnlichen Problemen weitergegeben werden – und wirken.

Wir kennen aus den verschiedensten Zeiten Schilde, die dem Kampf oder zeremoniellen Zwecken dienten. Auf ihrem Buckel waren Muster, Fratzen, Wappen oder magische Zeichen abgebildet, die den Feind oder missgünstige Kräfte in Schranken weisen sollten. Wir erkennen hierin den Glauben an die Macht magischer Muster, wie er in jüngerer Zeit durch die Forschungen von Dr. A. T. Westlake und Dr. J. Hartmann auf dem Gebiet der Heilung aufgegriffen wurde.

Beide Therapeuten stimmen in zwei Punkten überein:

1. Sie wenden heilende Muster an, sammeln therapeutische Erfahrungen damit und dokumentieren deren Wirkung.

2. Sie wissen nicht genau, auf welchem Weg die Wirkung der Muster zum Tragen kommt.

Es ist eine Binsenweisheit, dass Muster und Gestalt einem Gegenstand Form und Struktur geben und ihn zu dem machen, was er ist. So wird ein Hut zu einem Hut, ein Apfel zu einem Apfel und ein Tisch zu einem Tisch. Diese Formgebung, die schon die Natur selbst vornimmt, hilft uns Menschen, das Universum zu verstehen, wir lernen die Bedeutung der Form »Ei« und erfahren dabei etwas über ihren Inhalt und können schließlich sicher sein, dass diese Form auf der ganzen Welt den gleichen Inhalt hat – ob es sich dabei um das Ei eines afrikanischen Vogel Strauß oder das einer ostfriesischen Möwe handelt. Auch die vor Jahrmillionen versteinerten Gelege von Dinosaurier-Eiern können wir, dank ihrer Form, als das erkennen, was sie sind.

Daraus ergibt sich, dass eine optimale und bewährte Form zeitüberschreitend und vielleicht sogar ewig ist. Den steinernen Spinnwirtel, den ich in diesem Sommer beim Umgraben eines Beetes fand, habe ich sofort als solchen erkannt, auch wenn er schon vor einigen hundert Jahren für seinen Zweck angefertigt wurde.

Die Schöpfung begann erst dann für den Menschen begreiflich zu werden, als das noch formlose Leben sich zur Struktur der ersten Zelle zusammenschloss, umso zur Urmutter der unendlich vielen Formen und Strukturen zu werden, die sich im Laufe der Jahrmillionen aus diesem ersten Muster heraus entwickeln sollten. So dienen die Muster als Schlüssel zu Materie und Bewusstsein. Sie erlauben es uns in gewissem Maße, diesen Kosmos zu begreifen, indem sie sich dem Menschen annähern, sich gleichsam herabneigen zu ihm, als ob sie ihm die Kapsel, in der die Formeln der Welt verborgen sind, reichen wollten.

Aus Mustern entsteht Leben und entwickelt sich unaufhörlich weiter. Sie stellen sich in ihren verschiedenen Ausprägungen nicht statisch dar, sondern sie wirken vielmehr als kraftvolles Ereignis, das sich aus ihrem Kern heraus entwickelt. Sie übersteigen die mehr mechanischen Aspekte menschlicher Vorstellung von Entwürfen und Plänen und entfalten vor unseren Augen ihr schöpferisch kraftvolles Potenzial. Muster sind die Schaltstellen, durch die sich kosmische Kräfte, von denen wir noch so wenig wissen, in Raum und Materie manifestieren.

Das ist auch das Geheimnis der schamanischen Schilde: Sie holen das erbetene magische Muster aus dem Kosmos auf den Brennpunkt des Schildbuckels herab. Wie das Wort, das Fleisch geworden ist, »inkarniert« sich hier unsichtbare Energie und zeigt sich uns im Gewebe ihres Musters.

Ein Schild weist stets auf einen Aspekt hin, der bis dahin, von unserem Bewusstsein getrennt, weiterlebte, und holt ihn aus der Zeitzone, in der er aufgezeichnet war, zurück. Er webt ihn dann in den Teppich unseres heutigen Bewusstseins ein, indem er ihn im zweidimensionalen Raum gestaltet. Er kleidet diesen Aspekt in eine fassbare Form, durch die er wirken kann. Wenn dieser bis dahin von uns getrennte Teil des Bewusstseins in einem Muster sichtbar gemacht wird, können wir ihn als solchen erkennen und auf ihn aufmerksam werden. Auch hier ist Bewusstsein der Beginn einer Veränderung und kündigt die ersten Schritte auf dem Weg zur Heilung an. Wir sind uns der Existenz solcher Zusammenhänge meist nicht bewusst, daher mag uns auch dieser Gedankengang seltsam erscheinen. Physiker oder Biologen könnten uns über diese Zusammenhänge sicher mehr erzählen.

Natürlich beschränken sich diese verloren gegangenen Aspekte nicht nur auf unser Selbst. Wir können Aspekte von uns selbst und von Situationen oder Dingen nicht wahrnehmen und sie doch auf einem schamanischen Schild so treffsicher aufgezeichnet wiederfinden.

Ein Muster stellt einen besonderen, bisher verborgenen Aspekt unseres Lebens und unseres Selbst dar. Wenn ich hier »Leben« schreibe, so meine ich das Leben in seiner Gesamtheit, also auch in seiner Abfolge der vielen vergangenen Leben, die wir im Laufe unserer Existenz durchlaufen.

Wenn ein Muster auf einen ungelösten Aspekt trifft, wird er aufgehoben und die von ihm ausgehende Hemmung gelöscht. Der Vorgang wirkt verständlicher, wenn man an zwei Fotos denkt, die auf demselben Film versehentlich übereinander aufgenommen wurden und sich dann gegenseitig auslöschen – es kommt ein »Nicht-Bild« zustande. Natürlich ist das nur ein annähernder Erklärungsversuch, der dem Sachverhalt nicht ganz gerecht wird.

Leider ist über die Beziehung zwischen körperlichen und geistigen Störungen und den zu ihnen gehörenden Hemmungen in anderen Zeitzonen nur ganz wenig bekannt. Bei vielen feinstofflichen Heilmethoden sehen wir die Wirkung, können uns aber nicht erklären, auf welchem Weg sie zustande gekommen ist. Wie z. B. bei der Homöopathie, deren Wirkweise zurzeit noch nicht ganz schlüssig bewiesen werden kann, weil die heutige Wissenschaft nicht über die feinen Instrumente verfügt, die notwendig wären, um das Geschehen zu erfassen. (Es gibt dazu Ansätze von verschiedenen Wissenschaftlern, die die physikalische Komponente und die Photonenlehre dazu einbringen.)

Ebenso können Schilde die Wirklichkeit verändern, auch wenn wir nicht beweisen oder verstehen können, auf welche Weise das geschieht. Ihre Kraft, Blockaden, aus welchen Zeitzonen auch immer, aufzuheben, ist gewaltig. Sie haben die Eigenschaft, Hemmungen und Fixierungen jeder Art zu lösen und machen den Weg frei für Heilung und Wohlbefinden.

Über dieses Vorgehen hinaus haben Schilde natürlich auch eine Schutzfunktion. So wie der Krieger der alten Zeiten ein Kampfschild vor den Körper hielt, dessen Schildbuckel mit magischen Zeichen bedeckt war, können auch wir uns von einem magischen Muster beschützen lassen. Dieser Schild erzeugt dann eine so kraftvolle Strahlung im Unsichtbaren, dass der gefürchtete Schaden uns nicht oder nicht mit voller Macht treffen kann.

Das bedeutet natürlich, dass Muster auch in zerstörerischer Absicht eingesetzt werden können. Es gab und gibt immer Menschen, die anderen Muster zusenden, um sie zu hemmen oder zu verwirren. Depressionen, geistig-seelische Verwirrung, Schlaflosigkeit, Angstzustände, Hemmung und Blockierung in jedem Bereich können die Folge sein. Sensible oder hellsichtige Personen sind gelegentlich in der Lage, diese Energieformen zu sehen, und erkennen dann, von welcher Art diese Störung ist. Helfen kann in solchen Fällen nur ein erfahrener »Arbeiter« im schamanischen Bewusstseinszustand, der weiß, wie schädliche Muster neutralisiert oder umgewandelt werden können.

Wer von der hemmenden Wirkung eines Schildes betroffen ist, hat das Gefühl, als ob sich alles gegen ihn stellen würde, als wäre er nie zur richtigen Zeit am richtigen Ort; Hindernisse türmen sich auf und lösen einander ab, die finanzielle Lage beginnt sich zu verschlechtern, Einzahlungen verzögern sich. Und manchmal klagen die Betroffenen darüber, dass ihr Leben in bestimmten Aspekten mehr einem Hürdenlauf als einem Spaziergang gleicht.

Von weißmagisch Arbeitenden wird in solchen Fällen oft empfohlen, als Gegenmittel das christliche Kreuz zu verwenden. Bei allem Respekt vor diesem Zeichen muss hier gesagt werden, dass es aufgrund seiner verzerrten Verwendung in der schwarzen Magie und anderenorts nicht mehr in der Lage ist, hier zu helfen. Es wirkt vielmehr wie ein maskierter Virus, den die Körperabwehr aufgrund seiner Verkleidung nicht bekämpft und, sehr zum Schaden der betreffenden Person, integriert; d. h. durch das bloße Zeichen des Kreuzes kann nichts als eine gewisse psychische Beruhigung bewirkt werden, die zwar nur kurze Zeit anhält, aber durchaus psychologisch wirksam sein kann. Jedoch kann man sagen, dass das christliche Kreuz den Menschen, der um die Kraft dieses Zeichens weiß, stärkt.

Um schädliche Schilde zu neutralisieren, muss als erstes das hemmende Muster gefunden und dann von einem Schamanen »entschärft« werden. Die befreiende Wirkung tritt sofort ein.

5

Die praktische Arbeit mit Mustern

Muster wirken nur, wenn sie präzise wiedergegeben werden; ändert man willkürlich ein für ein spezielles Problem gehobenes Muster, dann wird seine Strahlkraft behindert. Es arbeitet nur unvollständig, und die Veränderung zum Positiven lässt auf sich warten. Daher ist es wichtig, ein spezifisches Muster, das für eine ganz bestimmte Angelegenheit gehoben wurde, genau zu übernehmen. Dafür können die originalen Schilde in diesem Buch als genaue Vorlagen dienen; besser noch ist es jedoch, wenn das benötigte Muster einfach fotokopiert wird. Einige meiner Klienten ließen sich ihren Schild auf diesem Wege auch vergrößern. Viele fanden es hilfreich, die Schilde, die ich ihnen im schamanischen Bewusstseinszustand hob, für sich nochmals nachzuzeichnen. Sie sagten, dass sie selbst etwas von der Ausstrahlung der Schilde spüren konnten, wenn sie sich hinsetzten und versuchten, sie möglichst genau nachzumalen.

Für sie gilt besonders die Empfehlung, das auch ganz genau zu tun. Denn wenn irgendein überflüssig erscheinendes Häkchen oder eine Linie abgeändert wird, kann das den Schild um seine Wirkung bringen; seine Schwingung ist nicht mehr dieselbe.

Das erinnert mich an die Arbeit der klassischen Homöopathen. Auch sie heilen nur mit einer Schwingung, die genau für diesen Patienten ausgewählt wurde. Daher empfehlen sie ihm, andere interferierende Schwingungen zu meiden, die die »geistartige« (Hahnemann) Wirkung der Arznei stören könnten. So stehen ätherische Öle, die sich z. B. in Pfefferminztee befinden, Kaffee, Kampfer und andere Stoffe auf der Verbotsliste eines klassischen homöopathischen Behandlers.

Die Größe eines Schildes hat keinen Einfluss auf seine Wirkung. Die ursprünglich von mir gehobenen Schilde sind alle von einem Kreis mit einem Durchmesser von 7,5 cm begrenzt. Für dieses spezielle Maß gibt es keinen mysteriösen oder mystischen Grund. Ich hatte einfach nur eine Kreisvorlage dieses Durchmessers und benutzte sie auch. Außerdem lässt sich ein Papier von dieser Größe mühelos in einem normalen Briefumschlag verschicken.

Einige Schilde wirken natürlich auf den Betrachter wesentlich imposanter, wenn sie vergrößert worden sind. Das ist aber ein rein optischer Eindruck, der sich nicht auf die Schwingung des Schildes auswirkt. So bevorzugen einige Menschen kleine, unauffällige Schilde mit dem schon erwähnten Durchmesser von 7,5 cm, andere wiederum ließen sie vergrößern und hängten sie sogar gerahmt als eindrucksvolle Grafiken an die Wand.

Dabei konnte ich eine seltsame Beobachtung machen: Ein Schild schützt sich selbst. Das bedeutet, dass er nur von Menschen bemerkt wird, die ihn auch sehen dürfen. So stehen in meiner Wohnung einige Schilde an den verschiedensten Stellen, ohne dass sie der Reinemachefrau oder sonst irgendeinem Menschen aufgefallen wären. So wurde ein Schild, das ich an der Eingangstür befestigt hatte, nach zwei Jahren von einem Kind erstmalig entdeckt, nachdem täglich viele Personen durch diese Türe gegangen waren.

Immer wieder bestätigen mir Patienten, die fürchteten, neugierige Fragen zu provozieren, wenn sie diese magischen Kreisbilder aufstellten, dass sie erstaunlicherweise von niemand gesehen wurden. In einem Fall wurde mir sogar berichtet, dass die sonst recht findige Putzfrau die Schilde einmal wöchentlich abstaubte, ohne je zu fragen, was das denn eigentlich sei. Eine Erfahrung, die ich bestätigen kann.

Ich stelle meine Schilde nur in Schwarzweiß-Tönen her, d. h. ich zeichne sie mit einem schwarzen Tuschestift auf weißes Papier. Das muss aber nicht immer so sein. Ich konnte beobachten, dass gerade Kinder sich mit Begeisterung daran machten, ihren Schild in den verschiedensten Farben auszumalen, wenn man ihnen einige Kopien als Vorlage zur Verfügung stellte. So schufen sie denselben Schild in Blau- oder Rottönen, in Grün oder Gelb, um dann noch eine ganz und gar bunte Variation hinzuzufügen.

Natürlich ist es auch möglich, für jede Fragestellung dreidimensionale Schilde zu heben. Mit Sicherheit war dies der ursprüngliche Auftrag. Sie werden dann aus gebogenen Zweigen, Leder, Federn, bunten Stoffstreifen und allem, was die Natur uns zur Verfügung stellt, gearbeitet. Das Anfertigen solcher Schilde ist ein wahrhaft magischer Vorgang; es beginnt mit dem Sammeln all der Gegenstände, die für diese Arbeit erforderlich sind – ein Unternehmen, das mehrere Tage oder sogar Wochen in Anspruch nehmen kann, wenn ein wichtiges Teil nicht aufzutreiben ist. Erst wenn wir alles Notwendige zusammengetragen haben, können wir mit der eigentlichen Arbeit beginnen und den Schild so gestalten, wie er uns gezeigt wurde.

Wenn man handwerklich nicht sehr geschickt ist, wird man erfahren, dass es gar nicht so leicht ist, z. B. eine Haselstrauchgerte so zu biegen und in Form zu halten, dass kein Ei, sondern ein Kreis entsteht. Auch hier gilt es, den Schild mit einem deutlichen Rand abzugrenzen, um seine Wirkung zu verstärken und zu schützen. Bei dreidimensionalen Schilden ist es häufig wichtig zu wissen, wo er aufgestellt werden muss. Daher muss in jedem Falle noch eine schamanische Reise unternommen werden, die sich mit dem Standort des Schildes beschäftigt, der sich häufig im Freien befindet.

Bei den vielen Problemen oder Bitten, die in einer größeren Familie aufkommen, steht dann bald das ganze Haus voll schamanischer Schilde. Das mag noch angehen, wenn man genügend Platz dafür hat und sie sich mit der Art der Einrichtung vertragen. Auf ihnen setzen sich aber auch Staub und Schmutz ab – und nichts wirkt häßlicher als so ein Gebilde aus Federn, Leder und Zweigen, auf dem sich eine hellgraue Staubschicht befindet, die kaum entfernt werden kann, ohne es zu beschädigen.

Die andere Schwierigkeit besteht darin, solche Gebilde zu versenden. Da ich viele Aufträge für Schilde schriftlich oder telefonisch aus der Ferne bekomme, bin ich darauf angewiesen, sie mit der Post zu verschicken. Man kann sich vorstellen, dass es viel einfacher ist, eine Papierkarte von Postkartengröße zu versenden als einen dreidimensionalen, handgefertigten Schild. Nicht nur die Frage nach der richtigen Verpackung wird einen dann beschäftigen, sondern auch die Frage, ob das Ganze heil ankommt.

Der andere Vorteil von auf Papier gezeichneten Schilden ist, dass sie jederzeit bei sich getragen und, wohin auch immer, mitgenommen werden können. Gelegentlich erhielt ich auch Informationen darüber, wo der Schild anzubringen war, z. B. an der Unterseite des Bettes, in der linken oberen Ecke eines bestimmten Fensters, auf dem Schreibtisch oder einfach in der Brieftasche des Betreffenden. In diesem Buch befinden sich jedoch nur Schilde, für die keine besonderen Anweisungen gelten und die überall angewendet werden können.

Wenn man sich intensiv mit magischen Mustern befassen möchte, sollte man wenigstens einige dreidimensionale Schilde angefertigt haben; nur so wird gelernt, worauf es bei der Auswahl der Materialien, der Formgebung und der Herstellung ankommt. Sicher gibt es immer Situationen und Probleme, die erfordern, dass ein Schild auf diese, für uns moderne Menschen zeitaufwändige und vielleicht sogar umständliche Art zusammengestellt wird. Grundsätzlich konnte ich, sowohl bei gezeichneten als auch bei räumlichen Schilden, keinen Unterschied feststellen, der die Art oder Schnelligkeit betraf, mit dem seine Wirkung eintrat. Anders gesagt: Es ist gleichgültig, aus welchem Material Sie einen Schild herstellen; die Wirkung tritt immer dann ein, wenn das Muster richtig erfasst und korrekt wiedergegeben wird.

6

Hochfrequenz beweist die Wirkung

Vor einigen Jahren gab mir ein Journalist den Hinweis, ich solle die Wirkung der Schutzschilde doch einmal untersuchen lassen. Er empfahl mir dazu, das Institut für Hochfrequenzfotografie in München zu kontaktieren. Durch die Darstellung der Hochfrequenzfotos könne nicht nur der Energiekörper des Menschen sichtbar gemacht werden, sondern auch die Energieflüsse im Mentalbereich. Ich suchte dieses Institut auf, der Leiter, Herr Seidel, führte mich in einen Raum, in dem eine sehr große Maschine stand. Als ich ihm erklärt hatte, dass ich die Wirkung dieser kleinen Papierblättchen auf den Menschen überprüfen wollte, schmunzelte er. Zur Untersuchung wurde als erstes ein energetisches Foto von der Hand der Versuchsperson gemacht, dazu musste die Handfläche in eine Öffnung der Maschine gelegt werden. Danach, so schlug Herr Seidel vor, sollte die Person einen ausgewählten Schild eine Minute lang betrachten. Anschließend wurde wiederum ein energetisches Foto von der Hand der Versuchsperson gemacht. Die Maschine gab eindrucksvolle Geräusche von sich.

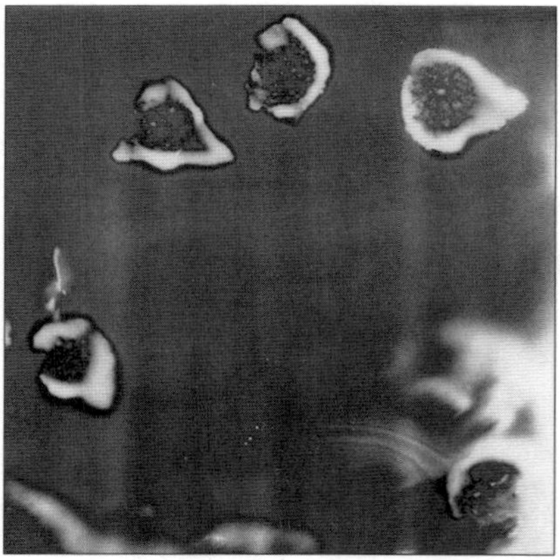

Bild 1: Fingerkuppen mit den typischen Pilzzeichen.

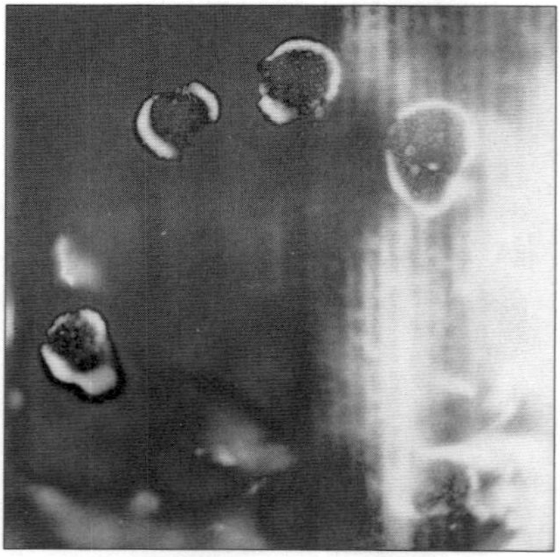

Bild 2: Fingerkuppen nach Betrachtung eines Symbols gegen Pilzbefall (1 Min.).

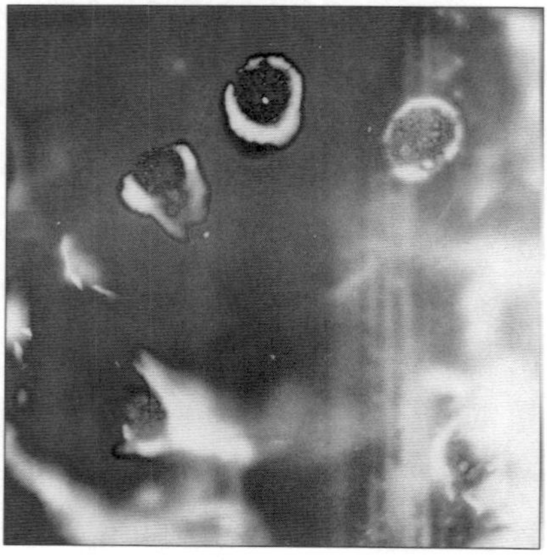

Bild 3: Fingerkuppen nach Betrachtung eines Musters zur spirituellen Entwicklung.

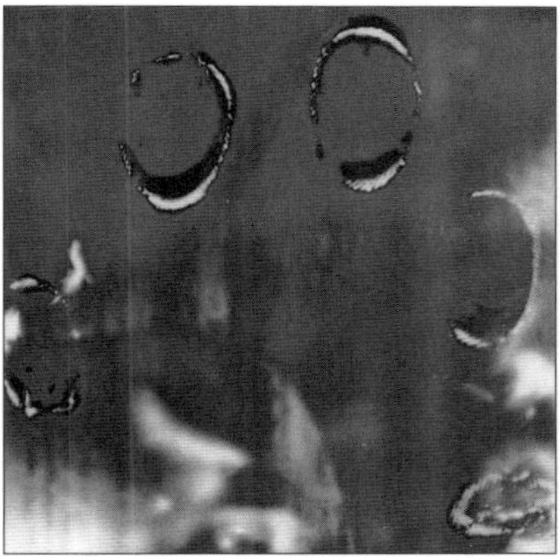

Bild 4: Fingerkuppen.

Bild 5: Fingerkuppen nach Betrachtung eines Symbols für Reichtum.

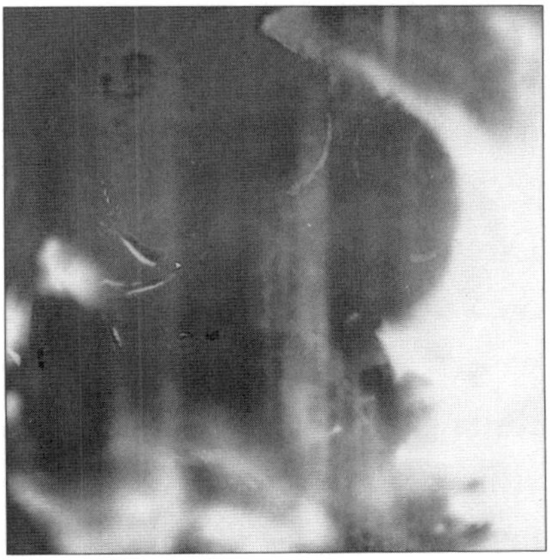

Bild 6: Fingerkuppen nach Betrachtung eines Geldsymbols.

Die Wirkung war ganz erstaunlich, als Erstes gab die Versuchsperson einen lauten Schrei von sich und sprang durch den Raum, sie hatte nämlich einen elektrischen Schlag bekommen. Der Techniker hatte die Stärke der Maschine nicht heruntergedreht – denn was sollte schon bei diesen kleinen Papierscheiben viel passieren? Die weiteren Aufnahmen, die gemacht wurden, brachten erstaunliche Ergebnisse. Hier möchte ich ein besonders deutliches Beispiel anführen.

Die Patientin litt an einer Pilzerkrankung. Bild 1 zeigt die Fingerkuppen der linken Hand mit den typischen Zeichen einer Mykose: den spitzen, hellen und nach rechts weisenden Rändern, die besonders am kleinen Finger, am Ring- und am Zeigefinger deutlich zu sehen sind. Nachdem die Patientin eine Minute lang den Schild gegen Pilze betrachtet hatte, waren auf dem neuen Foto (Bild 2) alle Zeichen, die auf eine Pilzerkrankung hinwiesen, verschwunden. Dieselbe Patientin betrachtete nun einen Schild zur persönlichen Entwicklung. Nach einer Minute waren die Zeichen ebenfalls verschwunden, und im neuen Foto (Bild 3) war viel mehr Licht und Bewegung zu sehen als zuvor.

Die zweite Serie zeigt einen tragischen Fall. Bild 4 zeigt die Fingerkuppen eines jungen Mannes. Nachdem er jeweils eine Minute lang ein Symbol für wachsenden Reichtum (Bild 5) und die Fähigkeit Geld zu vermehren (Bild 6) betrachtet hatte, kann man erkennen, dass die persönlichen Strukturen völlig aufgelöst worden sind und von Klarheit nicht mehr die Rede sein kann. Tatsächlich stürzte dieser Mensch, von der Idee des Reichtums besessen, sich selbst und seine Familie ins Unglück.

Diese Bilder können uns zum Nachdenken anregen. Vielleicht denken wir auch einmal darüber nach, was Symbole mit uns und unserem Energiefluss anstellen können. Am Beispiel der Hochfrequenzfotografie sehen wir, dass sie zu gesundheitlichem Wohlbefinden führen können, wenn sie positiv für uns sind. Negative Symbole dagegen fügen uns seelischen und körperlichen Schaden zu.

7
Wie ein Schild gehoben wird

Die wahre Magie ist nicht von unserem Alltag getrennt und bewährt sich gerade in der Alltäglichkeit. Und so dürfen wir auch mit ganz schlichten weltlichen Anliegen zum Ort der Schilde gehen und bitten, dass dort das magische Muster gezeigt wird, das unser Problem auf einer Ebene lösen kann, die wir mit Logik und bloßen Handlungen niemals erreichen können. Vielleicht stört es uns, dass wir nicht Nein sagen können, vielleicht möchten wir eine entscheidende Prüfung bestehen oder endlich die Wohnung bekommen, in der wir uns mit der ganzen Familie wohl fühlen können. Für all diese Sorgen und Bitten hält die Untere Welt magische Muster bereit, die nur darauf warten, gehoben zu werden.

Suchen wir nun ein solches Muster, so ist es hilfreich, zuerst einmal das Problem oder die Bitte genau zu formulieren, denn bei dieser Arbeit kommt es auf äußerste Präzision an. Oft schon erwies sich ein Schild als unwirksam, weil die Formulierung ungenau oder schlampig war, und erst ein späterer Schild, bei dem besonders darauf geachtet wurde, konnte den erhofften Erfolg bringen. Damit meine ich nicht, dass es bei der Formulierung auf die genaue Wortwahl oder den Satzbau ankommen sollte. Diese Vorstellung ist unsinnig und würdigt das Universum auf die Position eines vom Menschen gemachten Computers herab, bei dem Input gleich Output ist. Die Kräfte, an die wir uns hier wenden, sind uns wahrlich so überlegen, dass wir nicht durch eine besonders schlaue Formulierung mehr aus ihnen »herauskitzeln« können.

Es kommt vielmehr darauf an, die exakte Stimmung, den Gefühlshintergrund, der unserem Problem zugrunde liegt, in uns wahrzunehmen. Ist es Ärger, der uns um Hilfe bitten lässt, ist es Angst oder das Gefühl der Machtlosigkeit? Ist es das Scheitern aller bis jetzt ausgeschöpften Möglichkeiten oder der Wunsch nach Schutz und Entwicklung? Die klare Emotion sollte sich in uns herauskristallisieren: Dieser Prozess kann einige Tage dauern, und wir dürfen ihn nicht eher als abgeschlossen betrachten, bis Gefühl und Stimmung klar in uns stehen. Aus dieser Kristallisation heraus, die gleichzeitig ein Bewusstwerden ist, wird das Thema des Schildes formuliert.

Daraus ergibt sich, dass schamanische Schilde keine Ruck-Zuck-Methode sind, um mal schnell eine Situation abzublocken. Dies ist zwar möglich, aber es gelingt in aller Regel nur einem äußerst intuitiven und erfahrenen Arbeiter im schamanischen Bewusstseinszustand.

Seine innere Klarheit muss gleichsam über der Problemstellung stehen, um sie mit einem einzigen großen Wurf im Kern zu treffen.

Wer immer einen Schild sucht oder darum bittet, hat sich damit auseinander zu setzen, was er für ihn persönlich bedeutet. Die geforderte Formulierung seiner Stimmung ist nicht nur wichtig, weil das betreffende Muster sonst gar nicht gefunden werden kann, sondern auch, weil ein jeder Schild seinen Namen bekommen muss. Erst das Wort lässt den Schild entstehen und dann auch wirken. Es ist also unmöglich, »irgendeinen« Schild, der kein spezielles Thema hat, zu holen. So gibt es z. B. einen Schild für die »richtige Berufswahl«, einen Schild gegen »Existenzangst«, einen für die »Handlungsunfähigkeit« usw.

Mit diesem Namen, der zugleich das Thema des noch unbekannten Schildes ist, begeben wir uns in den schamanischen Bewusstseinszustand und bitten darum, dass uns das Äquivalent dafür im zweidimensionalen Raum oder in der Unteren Welt gezeigt wird.

Damit ein Schild zur Wirkung kommen kann, ist es einzig und allein wichtig, dass er gehoben und aufgezeichnet wird. Andere Bedingungen dafür gibt es nicht.

Ein Schild kann daher auch für Menschen geholt werden, die nichts davon wissen. Hier ist natürlich im Besonderen die Frage nach der Ethik und dem Prinzip der Nicht-Einmischung wichtig. Die einzigen Schilde, die ich selbst ohne das sofortige Wissen der Betroffenen geholt habe, waren für meine Söhne bestimmt. Sie hießen: »Schild zur persönlichen Entwicklung« und »Schild zur richtigen Berufswahl«. Ich habe die genauen Themen dieser Schilde mit Absicht hier wiedergegeben, denn ich möchte damit zeigen, dass bei diesen Formulierungen gleichzeitig die persönliche Freiheit des Adressaten gewahrt bleibt und das grundlegende Vertrauen des Suchenden in die ordnende Kraft des Universums durchscheint. Schilde mit dem Titel »Schild, damit er Medizin studiert« oder ähnlichem tragen einen manipulativen, einmischenden Charakter.

Ein Schild kann auch an eine andere Person, die dasselbe Anliegen hat, weitergegeben werden und wirkt dann genauso, als wäre es für gerade diesen Menschen gefunden worden. Ebenso tut es, wie schon zuvor erwähnt, seiner Wirkung keinen Abbruch, wenn er fotokopiert, vergrößert, verkleinert oder verschenkt wird.

Diese Ergebnisse überraschten mich sehr, als ich mit meiner Arbeit an magischen Mustern begann. Daher unterzog ich gerade das Weitergeben von Schilden einer genaueren Überprüfung und fand in allen Fällen bestätigt, was mir immer wieder von meinen Klienten berichtet wurde: Die Weitergabe von Schilden scheint offensichtlich wie eine Art Arznei zu wirken, die allen Personen mit den gleichen Beschwerden, Wünschen oder Anliegen hilft. Muster sind gewissermaßen energetische Strukturen, die auf andere schädigende, krank machende oder hemmende Strukturen auflösend einwirken können. Daher sind sie auch als Geschenk an Menschen geeignet, denen man etwas besonders Gutes in ihrem Leben oder zu ihrer Entwicklung wünscht.

8

Wer ruft die Symbole?

Wenn man sich die Hilfe von so mächtigen Kräften wie der der schamanischen Schilde wünscht, so spürt sicherlich jeder, dass es von ganz wesentlicher Bedeutung ist, wem man einen solchen Auftrag gibt. Wie schon eingangs erwähnt, gibt es nur wenige Menschen, die selbst nach jahrelanger Schulung in schamanischen Disziplinen die nötigen Fähigkeiten dazu haben. Das liegt in allererster Linie an ihrer persönlichen Entwicklung, denn als wichtigste Eigenschaft gilt hier die Klarheit.

Wenn wir uns vor Augen führen, wie sehr wir durch Erziehung und insbesondere durch die allgegenwärtige Konsumwerbung gewohnt sind, zu manipulieren und manipuliert zu werden, dann wird uns vielleicht ansatzweise klar, welch gewaltiges Potenzial dieser Kraft uns allezeit umgibt. Infolgedessen sind viele Menschen gewohnt, das, was sie für richtig halten, auf manipulative Art und Weise in die Wege zu leiten. Besonders Personen mit dem so genannten Helfersyndrom, zu denen ich Therapeuten wie auch hilfreiche Laien rechnen möchte, haben bisweilen ein recht umfangreiches Repertoire entwickelt, ihre Klienten in diesem Sinne zu lenken. Ich denke dabei an zwei Erfahrungen aus meiner eigenen Praxis.

Die erste betraf eine Psychologin, die in ihren Patienten Angst erzeugte, wenn sie sich wegen physischer Beschwerden in eine naturheilkundliche Behandlung begeben wollten. Der psychische Druck, den sie auf sie ausübte, war so stark, dass sich Menschen mit behandlungsbedürftigen Beschwerden nur mit einem ganz schlechten Gewissen in Therapie begaben und sie dann vorzeitig abbrachen.

Die andere betraf eine Kinesiologin, die hinter meinem Rücken trickreich versuchte, einen Großteil meines Klientels abzuziehen, indem sie den Körpertest manipulierte und dadurch suggerierte, dass meine Behandlung unnötig geworden sei. Hinter solchen Aktionen steht immer ein Habenwollen und die Angst vor dem Verlust von Macht und Geld. Es gehört viel Weisheit dazu, die Dinge vertrauensvoll laufen zu lassen.

Die Beispiele habe ich angeführt, damit klar wird, mit welchen Beeinflussungen subtiler oder gröberer Art wir rechnen müssen, wenn wir Hilfe suchen. Je esoterischer und undurchschaubarer das jeweilige Sachgebiet ist, desto mehr sind Manipulation und Hörigkeit Tür und Tor geöffnet.

Dazu muss gesagt werden, dass meiner Erfahrung nach ein von einer einmischenden Person gehobener Schild nur dann schaden kann, wenn er auch in manipulativer Absicht formuliert wurde. Bei Menschen mit dieser Persönlichkeitsstruktur liegt die Versuchung, das auch zu tun, sehr nahe. Daraus ergibt sich, neben einer offensichtlichen fachlichen Qualifikation, eine ganz deutliche Forderung an die persönliche Entwicklung des Schildesuchers.

So wenig gerne ich den Kontrollstil mit den Wörtern »muss« und »soll« sonst auch verwende, hier ist er wirklich angebracht, und man mag mir Anklänge daran im folgenden Abschnitt verzeihen.

Es ist nicht einfach, ein heilendes Muster zu finden. Neben einer gewissen inneren Sammlung, die meist nur durch längeres Training erreicht werden kann, braucht der Suchende neben der Genauigkeit noch ein fotografisches Gedächtnis, sonst kann er sich die Details, auf die es nun einmal dabei ankommt, nicht alle merken und zu Papier bringen. Bei der Suche nach einem Muster ist es wichtig, gleichzeitig rezeptiv und ordnend zu sein. Was das heißen soll, möchte ich hier erklären.

Alles um uns herum ist voller freischwebender Muster, die miteinander interferieren, die sich durchdringen, überlagern oder auch stören. Ein Anfänger, der um ein bestimmtes Zeichen bittet, kann zu allererst einmal von der Vielfalt der ihm angebotenen Muster verwirrt werden, denn er hat noch nicht gelernt, ein dominantes Muster zu erkennen. Diese Fähigkeit erfordert nämlich viel Geduld und einige Übungszeit. Es empfiehlt sich daher, anfangs mit immer wieder derselben Frage auf die Suche zu gehen und sich die Zeichen anzusehen, die angeboten werden. Nach einiger Zeit zeigt sich mit Sicherheit ein Muster, das immer wiederkehrt und dann das richtige ist.

Eine andere Schwierigkeit besteht darin, dass die Zeichen sich ändern können. Der Sucher wird dann damit konfrontiert, dass sich ein dominantes Muster wieder und wieder verändert. Wenn das geschieht, steht eine Aufgabe bevor, die mehrere Nächte in Anspruch nehmen wird. Um den ursprünglichen Schild zu finden, muss man sich das veränderliche Zeichen so lange ansehen, bis es zur Ruhe gekommen ist und man es auf eine Zeichnung übertragen kann. Wichtig bei dieser Problemstellung ist, dass man sich Nacht für Nacht für einen kurzen Zeitraum und mit dem festen Willen zum Ort der Schilde begibt, um dort das reine Muster zu sehen. Es bringt gar nichts, seine Zeit stundenlang mit der Suche nach einem Muster zu verbringen; im Gegenteil, man wird dadurch nur unaufmerksam und ist dann leichter zu täuschen, weil man nicht mehr unterscheiden kann, wo die Phantasie aufhört und das reale Muster beginnt. Übrigens ist gerade das Letztere eine der Hauptklippen im Visionsschamanismus. Hier ist es weise, sich zu beschränken.

Es gibt so viel zu sehen, wenn man erst einmal die Augen zugemacht hat, aber es kommt ausschließlich darauf an, dass auch das Richtige gesehen wird! Wir sind alle visuell überfüttert, und häufig hat das, was wir mit inneren Augen sehen, gar nichts mit den anderen Wirklichkeiten zu tun, sondern ist schlicht und einfach das Videoband unserer Alltagseindrücke, das sich unaufhörlich in unserem Gehirn abspult. Wer sich auf diese Eindrücke verlässt, befindet sich auf einem Irrweg, der in die Sackgassen der Täuschung mündet und nicht zu dem ersehnten Tor der Freiheit führt, das zwischen uns und den anderen Welten steht.

Das menschliche Leben und die menschliche Psyche sind nicht immer einfach zu ergründen, und so gibt es Umstände, die derartig komplex sind, dass ein einziger Schild allein nicht ausreicht, um sie aufzulösen. Hier sind Doppelschilde nötig. Ein solcher Doppelschild besteht aus zwei genau gleich großen Schilden, die miteinander gesucht und nebeneinander aufgestellt werden müssen. Nur dann kann es zu der Veränderung kommen, die wir herbeiwünschen.

9
Die Wahl des Symbols

Wenn Sie in diesem Buch einen Schild gefunden haben, der zu Ihrer Lebenssituation passt, dann genügt es, wenn Sie die aufgeschlagene Seite mit der Zeichnung in Ihrer Wohnung aufstellen. Wenn Sie mehr tun wollen – und ich halte das für den besseren Weg –, dann kopieren Sie sich den betreffenden Schild und schneiden ihn aus. Sie können ihn in der Brieftasche bei sich tragen, auf dem Schreibtisch oder vor einem Bücherregal aufstellen. Sie können ihn nach Belieben vergrößern, abzeichnen oder ausmalen. Seine Wirkung wird stets in dem Augenblick einsetzen, in dem Sie ihn für ein bestimmtes Problem ausgewählt haben.

Trotz der im Allgemeinen wunderbaren und schnellen Wirkweise von Schilden kenne ich natürlich auch Situationen, in denen sie nicht helfen konnten. Das kann zum Teil an der Formulierung liegen; man hat sich nicht genügend mit dem Thema des Schildes beschäftigt, daher bieten sich nur oberflächliche Formulierungen an und verschleiern das in Wirklichkeit zugrunde liegende

Problem. Manchmal stößt man auch auf karmische Hindernisse, die erst aufgelöst werden müssen, bevor eine andere Schwingung verändernd eingreifen kann. Letzteres ist aber nur sehr selten der Fall.

Meiner Beobachtung nach liegt die stärkste Hemmung vor allem an den betreffenden Menschen selbst (wenn man davon ausgeht, dass der Schamane ordentlich gearbeitet hat). Meist kann ich zwar nicht die Wirkung eines Schildes, aber seine Nicht-Wirkung voraussagen oder spüren. Der Schild kann klar genug in der Unteren Welt erschienen sein, er kann absolut korrekt übermittelt werden, und doch fühle ich den Hauch eines Zweifels, die Ahnung, dass etwas ihn daran hindert, das auszustrahlen, was er in sich trägt. Was auch immer das sein mag – ich weiß es nicht.

Schließlich gibt es noch einen bestimmten Menschentyp – er ist der Schrecken aller Therapeuten und Berater –, dem rein gar nichts hilft, was immer auch verordnet wurde. Die Gründe dafür können karmisch sein, im Zeitfaktor oder in der Persönlichkeit des Klienten liegen. Wir müssen uns nicht anmaßen, alles verstehen oder heilen zu wollen; manchmal gibt es eben Dinge, die für uns nicht zu ergründen sind.

Da ich selbst auch Therapeutin bin, möchte ich neben allem Vertrauen, das ich in die Schilde der Unteren Welt habe, betonen, dass sie den persönlichen Beitrag zu einer Schicksalsänderung nicht ersetzen. Ich rate dazu, mit beiden Beinen auf dem Boden der Mittleren Welt zu stehen. Der echte Mystiker oder Magier schwebt nicht ab in »höhere Sphären«, er wirkt auf Außenstehende ganz normal und ist nicht leicht zu erkennen. Es hat durchaus seinen Grund, dass wir in dieser Welt unseren Alltag leben.

10
Die Symbole

Auf meinen vielen Reisen fiel mir auf, dass der uns eben noch vielleicht so fremde Gedanke der magischen Muster doch nicht so exotisch ist, wie man meinen mag. Es ist nicht notwendig, nach Asien oder Afrika zu reisen, um solche Muster zu finden. Da unser eigener Kulturraum uns allzu vertraut scheint, sind wir in gewissem Sinne manchmal geradezu »betriebsblind« für das, was vor unserer eigenen Haustür zu erfahren ist. Auch mir wurden die eigenen Wurzeln erst deutlich, nachdem ich mich lange genug mit fremden, exotischen Kulturen beschäftigt hatte; bis ich schließlich im Bodhisattva Manjushri den Erzengel Michael erkannte und ihn seitdem in jeglicher Gestalt und Kultur wiedererkennen werde. Auch hier gilt die alte Regel: Man sieht nur, was man kennt.

Daher wird ein aufmerksamer Reisender, der durch Oberbayern oder das Allgäu fährt, bemerken, dass an alten Kirchen, Bauernhöfen oder Scheunen magische Muster angebracht sind. Oft zieren sie, weithin sichtbar, die Giebel, um Haus und Hof vor Feuer, Nässe oder Diebstahl zu schützen. Bei Kapellen und Kirchen sind diese Muster meist an den Eckpfeilern oder Mauern angebracht; sie sind weniger augenfällig als die Muster der Hausgiebel und sollen den heiligen Raum vor störenden Einflüssen bewahren. In den Ecken hausen, wie die Chinesen sagen, böse Geister, die sich von magischen Mustern abhalten lassen.

Ein anderes, besonders schönes und rätselhaftes Beispiel sind die vielen magischen Muster der Frühzeit. Hier möchte ich auf die berühmten »Mühlen« der Tschötscher Heide bei Brixen verweisen, auf die Felsbilder von Valcamonica in Norditalien, den Stein von Pflersch oder die Felsplatten bei den Spronser Seen oberhalb Meran. An all diesen Plätzen stehen uralte Steine, die voll mit magischen Mustern sind. Gerade das nahe Südtirol ist überaus reich an frühzeitlichen Mustern, die oft an äußerst unzugänglichen Stellen liegen. Mir sind dort allein 40 Orte solcher urzeitlichen Stätten bekannt, und einen Teil davon habe ich selbst aufgesucht.

Der Zauber dieser jahrtausendealten Muster, die deutlich schamanischen Charakter tragen, weht ungebrochen bis in unsere Tage herein und hat nichts von seiner Kraft verloren. So erinnere ich mich noch gut, wie ich am äußersten Ende des einsamen Pflersch-Tales in Südtirol nach einem Anstieg auf einem verträumten Steig und nach vielen Fragen und Irrwegen endlich den Abstieg zum Stolleneingang eines urzeitlichen Bergwerks fand. Es lag oder hing vielmehr über der steilen Wand eines Wildbachs, und ich ließ mich, an Zweigen und Grasbüscheln festhaltend, zu der von Büschen verborgenen, dunklen und halb eingestürzten Höhle hinab. Ich konnte nur gebückt stehen und hielt mich an Pflanzen fest, um nicht in die Schlucht hinabzufallen. Dann sah ich den Stein, um dessentwillen ich mich aufgemacht hatte! Gelbgrünliche Flechten wuchsen auf ihm, der beinahe von welkendem Gras verborgen war, aber immer noch hielt er vor dem Eingang des Bergwerks Wacht. Und so, wie er vor langer Zeit die Bergleute gegrüßt hatte, grüßte er jetzt auch mich mit dem uralten Zeichen für wachsendes Leben.

Auf der steilen Bergstraße über mir kreischten die Räder der Autos, die vom sonntäglichen Kirchenbesuch heimkehrten, Benzingeruch stieg mir in die Nase. Es war das Jahr 1991 und gleichzeitig – durch die Macht des Musters – auch die Ewigkeit. Ehrfürchtig legte ich meine Hand auf den Stein, der sich lebendig anfühlte, fuhr die eingefurchten Linien nach, und mir wurde warm ums Herz, denn sie waren mir von meinen Schilden her vertraut.

Europa ist voller magischer Muster: Irland, England, Frankreich, Italien, Spanien und Malta – in all diesen Ländern gibt es unzählige Orte, an denen urzeitliche Muster erhalten geblieben sind. Wer kennt nicht Newgrange in Irland, jenen Grabhügel, der außen und innen von magischen Zeichen übersät ist. Dieses Grab ist so angelegt, dass man darin zur Hauptkammer leicht bergab gehen muss, dann gelangt man an eine riesige, flache Steinschale, auf der auch heute noch die Gebeine der Verstorbenen liegen. An einem einzigen Tag des Jahres, dem Tag der Wintersonnenwende, trifft die Sonne auf den Eingang, gleitet unter der Erde den Weg hinab, bis sie dann genau auf die Schale fällt und die Gebeine mit ihrem roten Schein umhüllt. Eine Archäologin erzählte mir, dass sie dieses Ereignis einmal miterleben durfte. Sie berichtete, wie die ersten Sonnenstrahlen über die Schwelle krochen, langsam wie ein lebendes Wesen den Grabgang hinabliefen und dann die Schale mit ihrem roten Licht tränkten. Ihrer Stimme war anzumerken, dass diese Erfahrung ergreifend gewesen war.

Die Menschen, die vor Urzeiten dieses Grab planten, um einmal im Jahr ihre Toten vom ewigen Licht der Sonne grüßen und berühren zu lassen, haben auch die gewaltigen Stützsteine mit den Zeichen des ewigen, des unendlichen Lebens geschmückt. Ich denke mir, dass sie, die mit so viel Kenntnis ein Bauwerk anlegten, das noch heute so wie damals funktioniert, auch um die Kraft ihrer magischen Muster wussten und sie nicht ohne Grund in die Steine meißelten.

Wenden wir uns nach diesem Exkurs über magische Zeichen in unserem Kulturkreis wieder den schamanischen Schilden zu. Die Darstellungen auf einem Schildbuckel sind von vielfältiger Art. Es gibt grafische, symmetrische Muster, abstrakte Formen, gegenständliche Darstellungen, wie Blumen, Bäume und vor allem Hände. (Man erinnere sich an die im Sommer 1991 entdeckte Höhle unter dem Meeresspiegel bei Marseille; auf den dortigen Fresken sind häufig Hände dargestellt.) Einige der Muster, vor allem die abstrakten, können kaum definitiv gedeutet werden. Bei anderen wieder fällt eine Erklärung leicht; sie zeigen die Situation so, wie sie sein sollte, in genau dem Idealzustand, den der Suchende sich wünscht. So findet der Wohnungssuchende auf seinem Schild einen Anker, der ihm verspricht, dass er bald ein Heim für sich und seine Familie finden wird, in dem er auf lange Zeit bleiben kann. Andere Schilde duplizieren ein Thema, indem sie die missliche Lage so darstellen, wie sie erlebt wird: Heißt das Thema des Schildes »Handlungsunfähigkeit«, so strecken sich dem Betrachter z. B. zwei gefesselte Hände entgegen, die um Befreiung bitten. Indem die quälende Thematik so deutlich aufgezeigt wird, wird sie gleichzeitig auch gelöscht, wie ein Filmbild, das versehentlich zweimal belichtet wurde.

So enthält dieses Buch eine Reihe von Mustern, die unsere alltäglichen Sorgen und Probleme mildern können. Das Herzstück aber sind die Schilde gegen die sieben Todsünden, jene Geisteshaltungen, die man im Mittelalter, auf wunderbaren Gobelins personifiziert, dargestellt hat.

Auf ihnen geben sie sich, angetan mit der Tracht der damaligen Zeit und mit dem unvergänglichen Ausdruck ihrer Eigenart, die Hände zu einem Reigen – Stolz, Geiz,

Neid, Unmäßigkeit, Zorn, Trägheit und Unkeuschheit. Früher konnte ich nie verstehen, weshalb nicht etwas so Schlimmes wie Mord zu den Todsünden zählte. Unmäßigkeit, Trägheit oder Zorn waren schließlich Dinge, die jedermann jeden Tag tat. Erst viel später wurde mir klar, dass genau in diesen sieben Verhaltensweisen die erste feine Wurzel liegt, um sich selbst und andere schwer zu schädigen. So hat der Mord seine Wurzeln im Neid oder im Zorn. Jedes Verbrechen hat seinen Ursprung in einer von ihnen, in jenem feinen Faden der ersten Entgleisung, der dann immer tiefer in das Dickicht des Dunkels führt.

11

Wie finde ich das passende Symbol?

Auf den folgenden Seiten sind Schilde aufgezeichnet, die für alle möglichen Situationen und Bedürfnisse gehoben wurden. Sie stehen für das ganze Spektrum von Wünschen, die ein Mensch an das Leben haben kann. Einige befassen sich ganz handfest mit der Bitte um berufliches Fortkommen, andere mit gesundheitlichen Störungen oder Behinderungen am Arbeitsplatz. Andere sind aus dem Wunsch nach innerer Entwicklung heraus formuliert worden.

Lesen Sie die Titel der Schilde durch und wählen Sie dann einen aus, der Ihre Bedürfnisse am ähnlichsten beschreibt. Da manche Wünsche häufiger an mich herangetragen werden, gibt es auch mehrere Schilde, die die gleiche Formulierung tragen. In diesem Falle sind also verschiedene Muster zu ein und demselben Thema aufgeführt. Betrachten Sie die Darstellungen genau und wählen Sie dann diejenige aus, die Sie am meisten anspricht. Hier können Sie Ihrer Phantasie und Kombinationsfähigkeit Raum geben.

Es genügt, wenn Sie das Buch mit der geöffneten Seite aufstellen, sodass der Schild – wie ein Bild – zu sehen ist. Sie können diesen speziellen Schild aber auch aus dem Buch herauskopieren und erst dann aufstellen. Probieren Sie ein wenig herum, ob Sie bei der Originalgröße bleiben möchten oder sich eher für eine Vergrößerung entscheiden. Wie schon eingangs erwähnt, hat die Größe des Schildes keinen Einfluss auf seine Wirkung. Wir können also hier unsere quantitativ ausgerichteten Vorstellungen beiseite lassen. Nicht die Größe des Schildes ist entscheidend, sondern seine korrekte Auswahl. Ungeachtet dessen erfahren einige Schilde durch eine Vergrößerung einen auch äußerlich sichtbaren Zuwachs an Macht.

Wenn Sie sich darüber hinaus noch mehr mit der Magie des Schildes befassen möchten, empfehle ich Ihnen, den Schild selbst abzuzeichnen und eventuell auch farbig zu gestalten. Sie werden während dieses Prozesses sicherlich von der Ausstrahlung des Musters durchdrungen und können es so verinnerlichen. Vergessen Sie dabei den Kreis nicht, der alles umschließen muss. Aber nicht alle Menschen haben ein Zeichentalent; für diese genügt es dann, die fotokopierten Schilde farbig auszumalen – natürlich nur, wenn Sie sich mehr damit befassen möchten.

Bevor nun die Darstellungen der Schilde präsentiert werden, möchte ich noch auf eine häufig gestellte Frage, die sich auf die deutsche Semantik bezieht, eingehen.

Heißt es nun »der« Schild oder »das« Schild? Laut Duden bezeichnet der Artikel »der« den Schild als Schutzwaffe und der Artikel »das« ein Erkennungszeichen oder Aushängeschild, wie es z. B. zum Kenntlichmachen von Gasthäusern verwendet wird. Auch Verkehrszeichen fallen unter diese Rubrik und werden folgerichtig als »das« Verkehrsschild tituliert – obwohl auch sie gelegentlich »magische« Muster tragen. Allerdings gehören letztere nicht zu den lebenspendenden Zeichen.

Bei Radiästheten ist es wohl bekannt, dass alle Muster, über denen das Pendel im Uhrzeigersinn schwingt, eine lebensfördernde, wachstumsfördernde und wohltuende Wirkung haben. Bewegt sich das Pendel über einem Zeichen aber gegen den Uhrzeigersinn, so steht dieses für abnehmendes Leben, abnehmendes Wachstum und schwindendes Wohlbefinden.

Diese Erkenntis führte z. B. im chinesischen Bereich dazu, dass der Feng-Shui-Kundige sich sehr genau mit der Gestaltung eines Firmenemblems auf Briefbögen, Visitenkarten oder Fassaden befasst; denn er weiß, dass davon Erfolg oder Misserfolg eines Unternehmens abhängen kann. In ganz China, auch in den modernen Metropolen Hongkong und Singapur kann man unzählige Geschichten hören, die davon berichten, wie es mit einer Firma aufwärts ging, nachdem diese Embleme geändert wurden. Auch hier können Sie überprüfen, ob ein Symbol positiv ist.

Auf diesen Umstand aufmerksam gemacht, ließ ich das Pendel über allen von mir gehobenen Schilden kreisen. Ohne jede Ausnahme bewegte es sich immer im Uhrzeigersinn. Diese Erfahrung rührte mich sehr, denn sie bestätigte das unerschütterliche Vertrauen, das ich in die schamanischen Welten habe. Wenn man sie mit der richtigen Einstellung betritt und in Entschiedenheit und Demut um Hilfe bittet, so halten sie für uns nur das bereit, was »Leben« fördert.

12

Gebrauchsanweisung

Bevor Sie die Glückssymbole anwenden, sollten Sie einige Regeln berücksichtigen. Die Glückssymbole sind sehr starke Zeichen und können nur dann zu Ihrer vollen Zufriedenheit wirken, wenn Sie auch sorgfältig mit ihnen umgehen. Gehen Sie respektvoll mit diesen Symbolen um.

- Verwenden Sie nicht zu viele Symbole gleichzeitig. Drei Symbole pro Person sind genug. Wenn Sie für eine Person mehr als drei Schilde aufstellen, können sie nicht voll zur Wirkung kommen, denn ihre Schwingungen oder Ausstrahlungen überschneiden sich dann und können sich gegenseitig stören. Auch hier ist weniger mehr!

- Kopieren Sie die Glückssymbole. Das ist auf verschiedene Art und Weise möglich. Sie können sie abpausen oder fotokopieren. Besonders praktisch ist das bei den Symbolen, die dem Buch in einem kleinen Bogen beigefügt sind.

- Wenn Sie Ihre Glückssymbole selbst ausmalen, verstärken Sie die Wirkung, ebenso, wenn Sie sie fotomechanisch vergrößern lassen.

- Stellen Sie die Symbole unauffällig in Ihrer Wohnung oder am Arbeitsplatz auf.

- Betrachten Sie die Symbole oder das Symbol mehrmals täglich eine Minute lang.

- Wenn die gewünschte Wirkung eingetreten ist, legen Sie die Symbole wieder ins Buch zurück, damit Sie sie bei Gelegenheit wieder verwenden können.

13

Symbole für Gesundheit und Wohlbefinden

Schild gegen schlechte Essgewohnheiten

Eine Dame, die zu keinem kontinuierlichen Essmodus finden konnte, gab den Auftrag zu diesem Schild. Es zeigt einen Menschen, der haltlos im Raum hängt. Der Schild half erstaunlich schnell, die Essgewohnheiten zu konsolidieren. Dazu muss bemerkt werden, dass es sich in diesem Fall um eine leichte Ess-Störung handelte.

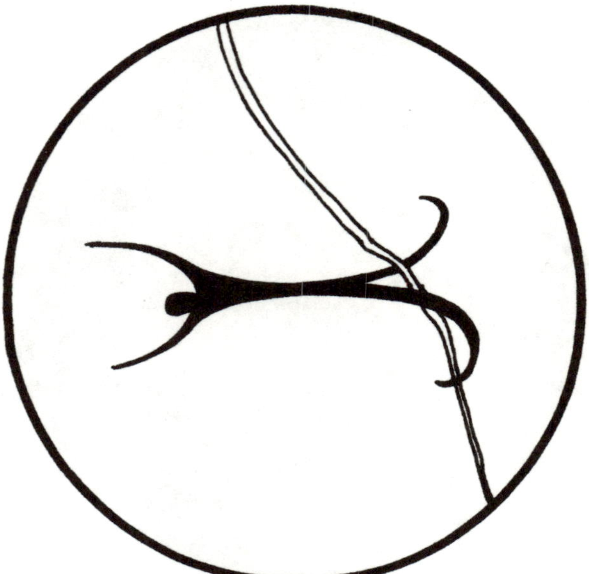

Schild gegen mitternächtliche Unruhezustände

Dieser Schild wirkt sehr beruhigend und besänftigend. Er zeigt eine Feder und beseitigte das wohl nervöse Problem meiner Klientin schon in der ersten Nacht.

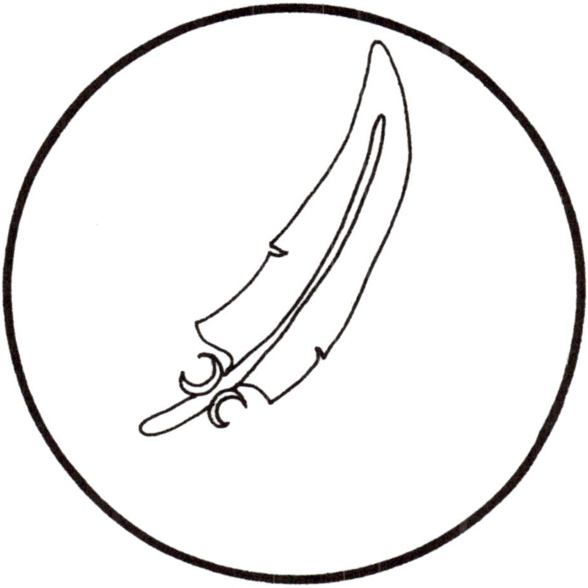

Schild für einen ruhigen Schlaf

Hier ist ein Mensch mit einem schlafenden und einem wachenden Auge zu sehen. Über das offene Auge ist eine beruhigende Maske gebreitet, und es ist anzunehmen, dass es sich bald in Ruhe schließen kann. Der Schild ist ein gutes Beispiel für den Umstand, dass viele Menschen ihre beruflichen und privaten Probleme mit »in das Bett« nehmen und dann nicht schlafen können.

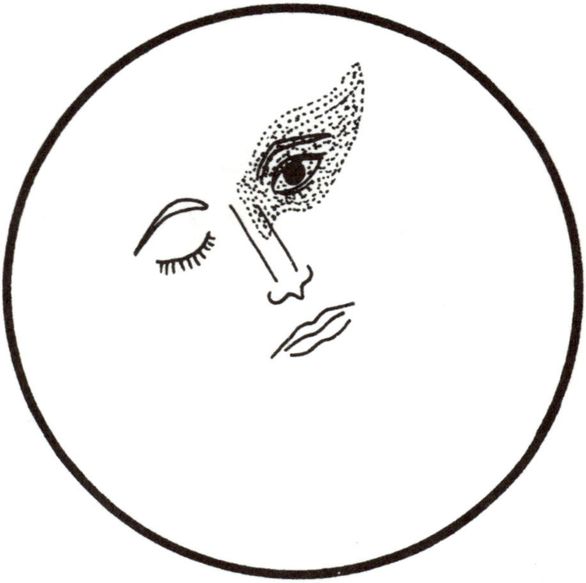

Schild, um sich nicht selbst unter Druck zu setzen

In vielen Fällen ist der Stress, unter dem wir leiden, selbst gemacht. Menschen, die sich selbst unter Druck setzen, erfahren mit Hilfe dieses Schildes einige Erleichterung.

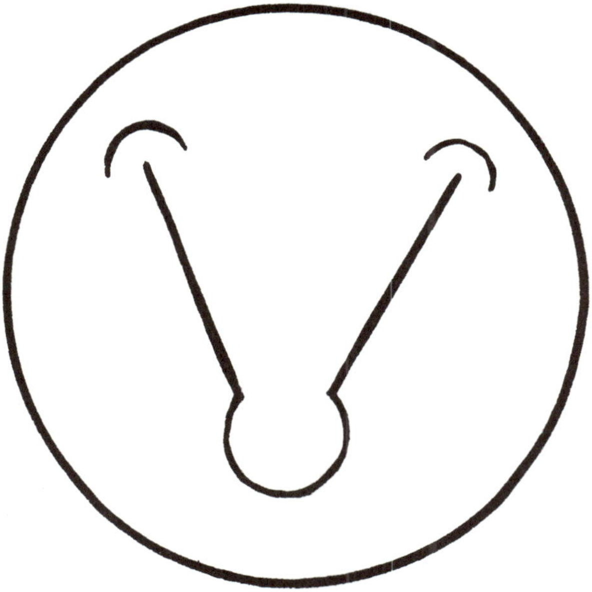

Schild zur Auflösung der Verneinung

Das Leben mancher Menschen ist von persönlichem Pech überschattet – es gelingt ihnen kaum etwas zum Guten, und alles, was sie beginnen, scheint sich in Unglück zu verwandeln. Der Schild löst die Verneinung auf, legt aber auch nahe, dass hierbei Gebete helfen können.

Schild zur Auflösung von Druck

Es gibt Menschen, die immer das Gefühl haben, unter einem inneren Druck zu stehen. Ihnen hilft dieser Schild, denn er kann die Spannungen auflösen.

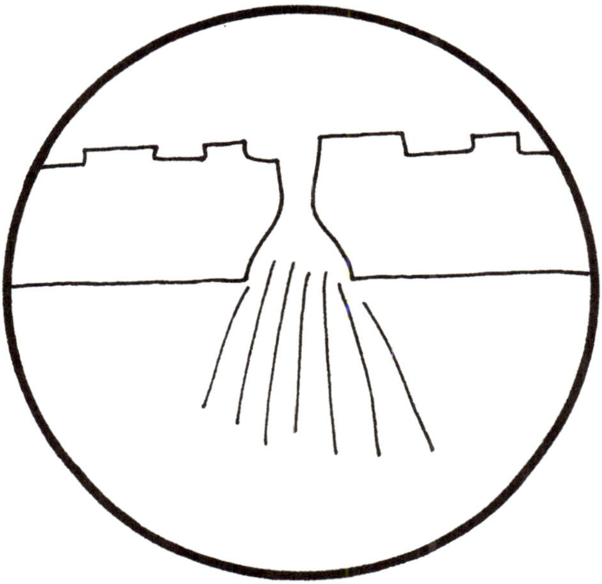

Schild gegen Wetterfühligkeit

Föhnbedingte Wetterfühligkeit spricht sehr gut auf diesen Schild an. Selbstverständlich empfehlen sich darüber hinaus noch andere Maßnahmen aus dem Gebiet der Naturheilkunde.

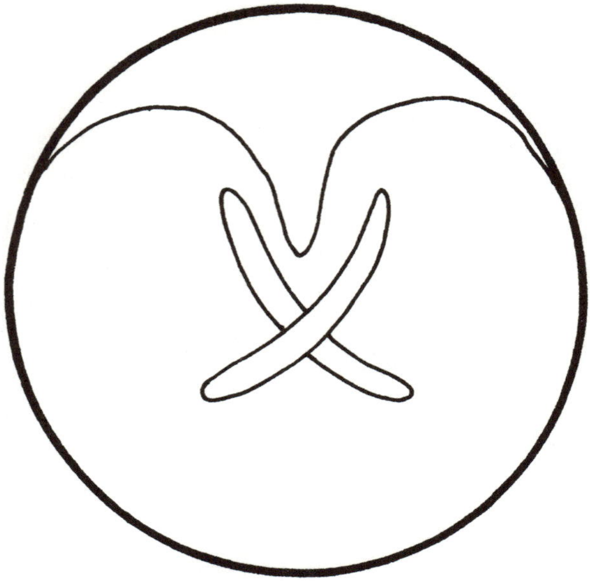

Schild, um die innere Leere zu überwinden

Zwei Adern, in denen kein Blut, keine Lebenskraft mehr fließt, umgeben das angedeutete Bild einer Frau, die einen glänzenden Kristallschmuck trägt. Der Schild vermittelt die innere Leere, in die wir geraten können, wenn alles um uns herum zu viel war oder ist. Wir sind dann allem gegenüber so überdrüssig, dass wir nicht mehr empfinden können.

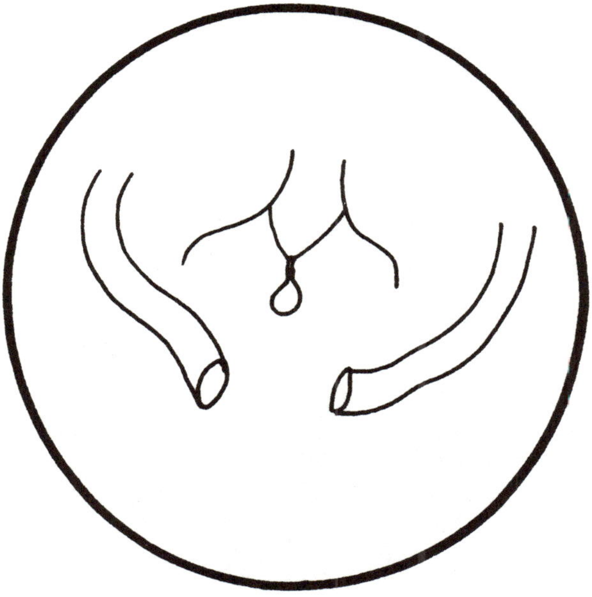

Schild, um die Intuition zu stärken

So sicher, wie dieser überlange Schiffsbug seinen Weg durch Wind und Wellen findet, kann uns die Intuition durch schwierige Situationen unseres Lebens geleiten.

Schild, um tief sitzende Ängste aufzulösen

Stellvertretend für alle Ängste, von denen wir Menschen heimgesucht werden, habe ich hier einen Schild für tief sitzende, unerklärliche Ängste ausgewählt. Er zeigt einen liegenden Menschen, dem eine dunkle, gnomartige Gestalt auf der Brust sitzt, die ihm die Luft abdrückt. Mit seinen schwarzen Klauen hat sich das Wesen in seine Schulter gekrallt. Wer kennt nicht – zumindest aus Träumen – eine ähnliche Situation? Der Träumer erwacht mit Herzklopfen, aber die Angst bleibt.

Selbstverständlich ist es möglich, für die verschiedensten Ängste Schilde zu suchen. Ich möchte hier nur einige Themen zukünftiger Schilde erwähnen: Trennungsangst, Lebensangst, Angst vor dem Loslassen.

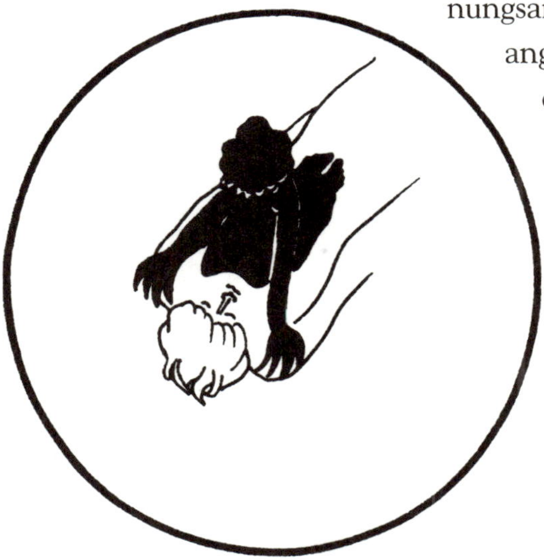

Schild gegen die Angst vor dem Tod

Die Darstellung zeigt ein helles Symbol, das geborgen in zwei Händen ruht. Selten habe ich ein so lichtes Bild gesehen, das gleichzeitig Wärme, Frieden und Geborgenheit vermittelte und mich damit umhüllte.

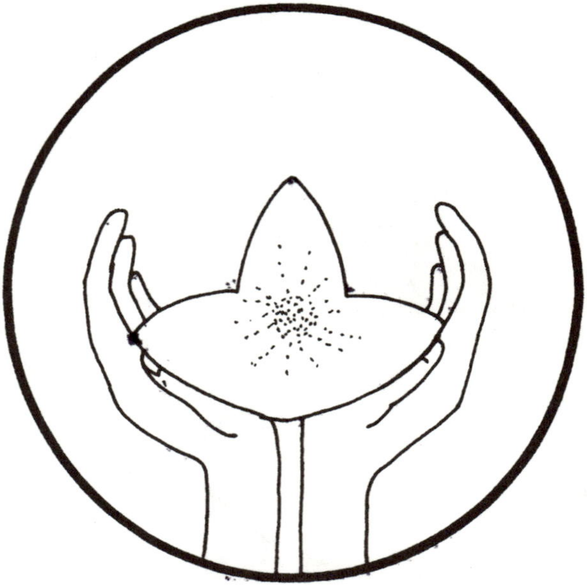

Schild für eine finanzielle Verbesserung

Als ich diesen Schild gehoben hatte, mussten sowohl die Auftraggeberin als auch ich lachen; zeigt er doch sehr deutlich, was die Sache ist: Ein Topf wird mit Hilfe einer Platte so fest geschlossen, dass sein Inhalt nicht mehr verdampfen kann. Wie sich aus dem anschließenden Gespräch ergab, konnte die Klientin ihren »Geldtopf« tatsächlich nicht zuhalten und bekam so lästige Schwierigkeiten.

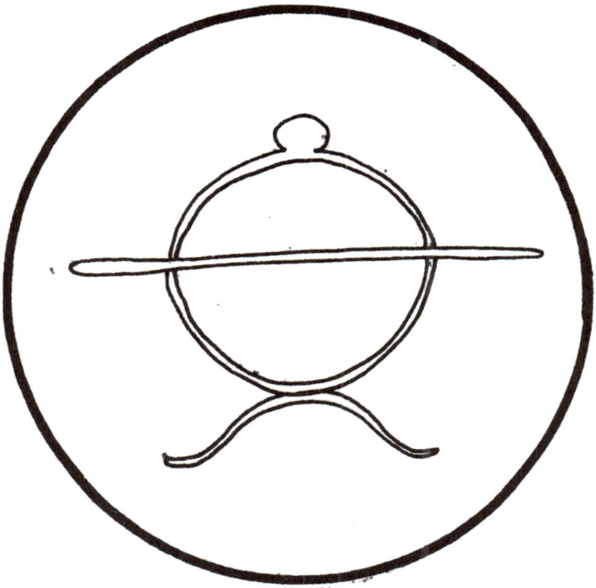

Schild gegen Pilze

Der Pilzbefall des Körpers ist ein weit verbreitetes Volksleiden, das mit verminderter Abwehrkraft und falscher Ernährung einhergeht. Die so genannte Verpilzung kann innerlich wie äußerlich vorkommen. D. h. es gibt Pilze, die die inneren Organe, vor allem den Verdauungstrakt, befallen. Bekannter sind die Pilzerkrankungen der Haut und besonders der Füße. Alle Mykosen, wie diese Erkrankungen genannt werden, sind äußerst hartnäckig. Sie können nur mit großer Disziplin behandelt und ausgeheilt werden. Dieser Schild verhilft auf seine Art und Weise dazu, die medizinische Behandlung zu unterstützen.

Schild zur Beruhigung

Dieser wunderbare Schild dient der Beruhigung, und zwar in jeder Hinsicht. Er wirkte erfolgreich bei innerer Unruhe und Gereiztheit, die sogar in Jähzorn überging. Auch bei unruhigen, sorgenvollen Gedanken sorgte er für Ruhe. Probieren Sie ihn einmal aus, wenn Familienstreitigkeiten oder Aufregungen mit Kindern Sie aus der Ruhe kommen lassen.

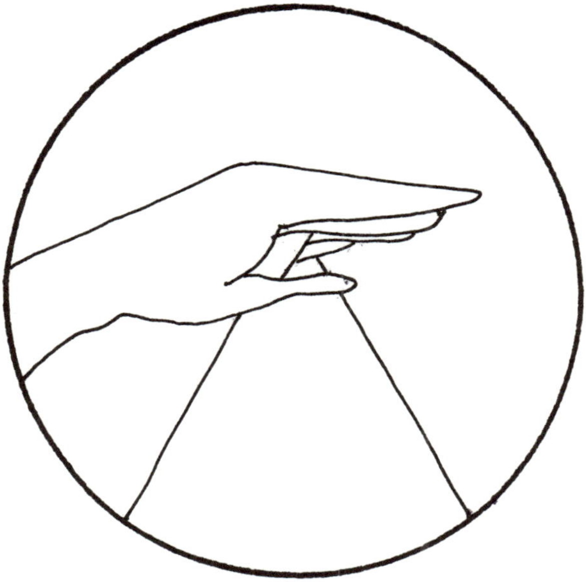

Schild für Konzentration und Kreativität

Dieses Symbol fördert die Konzentration und verstärkt die Kreativität. Bei Menschen, die vor lauter fliegenden Gedanken nicht zum Wesentlichen kommen und sich verzetteln, führt er dazu, dass sie sich in Ruhe auf eine einzige Sache konzentrieren können. Er ist sehr gut für die Examensvorbereitung und Prüfungen geeignet.

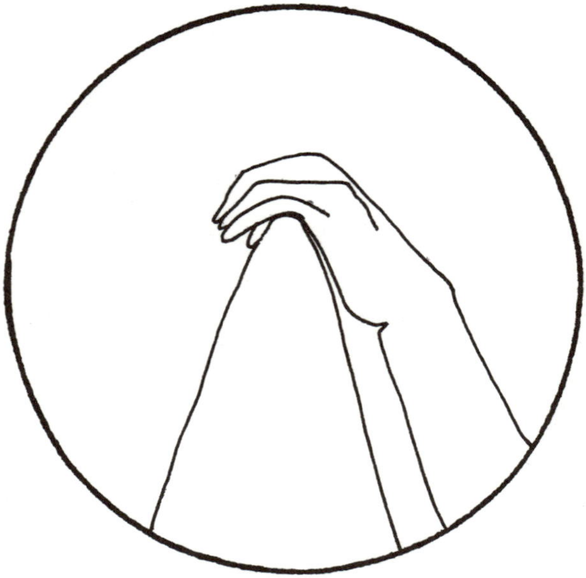

Schild für eine friedliche Umgebung

Manchen Menschen wird ihre unruhige und hektische Umgebung zu einer starken Belastung für ihre Gesundheit. Sie können nicht mehr klar denken, denn nur in einem friedlichen, harmonischen Umfeld können sie gesund bleiben und kreativ sein. Wenn solche Belastungen z. B. am Arbeitsplatz oder in der Familie auftreten, führt dieser Schild dazu, dass wieder Harmonie in das Leben einkehrt.

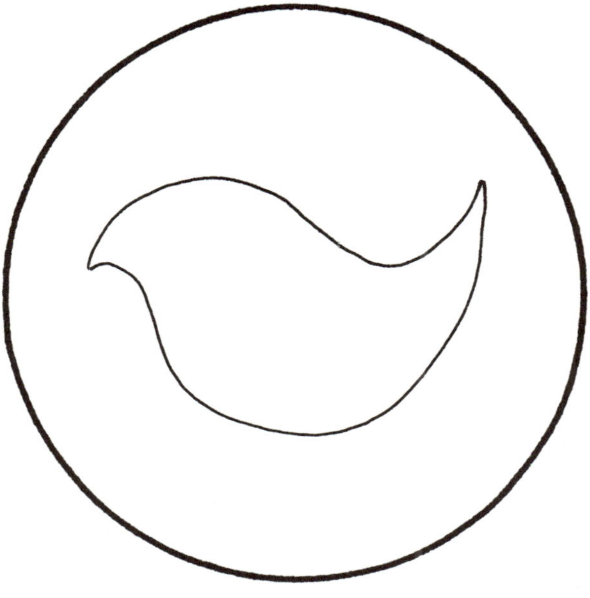

14
Symbole für die Familie

Schild, um alte Hindernisse in einer Partnerschaft zu löschen

Der Schild trägt ein klares Muster: Ein explosiver Vorgang ist hier dargestellt. Diese Erschütterung zersprengt alte Hindernisse und löst sie in einer Staubwolke auf.

Uns allen ist aus der Psychologie das Verhaften an alte Verhaltensmuster, Gewohnheiten und Gefühle bekannt. Oft steht dieses Nicht-Loslassen-Können unseren Beziehungen im Wege und führt zu Konflikten. Mit Hilfe dieses Schildes können sich solche Hindernisse auflösen lassen. Die Explosion sollte uns dabei nicht beunruhigen. Wie ich feststellen konnte, ist damit weniger ein zerstörerischer Vorgang gemeint; in ihr ist vielmehr der Leidensdruck dargestellt, dem Menschen in dieser Situation ausgesetzt sind und der sich jetzt befreiend auflöst.

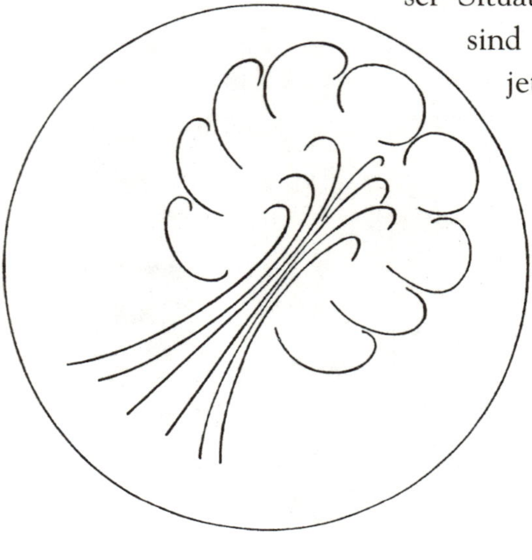

Schild, um die Diskriminierung zu verkraften

Dieser Schild wurde für ein behindertes Kind gehoben, das einen angeborenen vierfachen Herzfehler hatte. Die Mutter bat um Hilfe, da ihre Tochter darunter litt, nicht so spielen und laufen zu können wie ihre gleichaltrigen Freunde. Das Kind wurde deshalb von ihnen verspottet.

Der Schild trägt ein magisches Muster, das ich nicht deuten konnte – nichtsdestotrotz wurde er als sehr hilfreich empfunden.

Schild, um in Ruhe akzeptieren zu können

Dieser Schild wurde von der Mutter eines schwer kranken Kindes in Auftrag gegeben. Sie wusste, dass ihre Tochter nur wenige Jahre zu leben hatte, und brauchte dringend Hilfe, um diese Tatsache akzeptieren zu können. Der Schild verhalf ihr zu einem Bewusstseinszustand, aus dem heraus sie das Schicksal in Ruhe und ohne dabei in seelischen Druck zu geraten annehmen konnte.

Schild für ein richtiges Zuhause

Die Pflegemutter eines Problemkindes bat um diesen Schild. Der ihr anvertraute Bub sollte nicht mehr hin- und hergeschoben werden, sondern ein sicheres Zuhause finden.

Der Schild zeigt deutlich einen Knick im Lebensweg des Kindes. Trotzdem ist dieser Einschnitt von einem schützenden Kreis umgeben. Der Wunsch der Pflegemutter ging bald in Erfüllung.

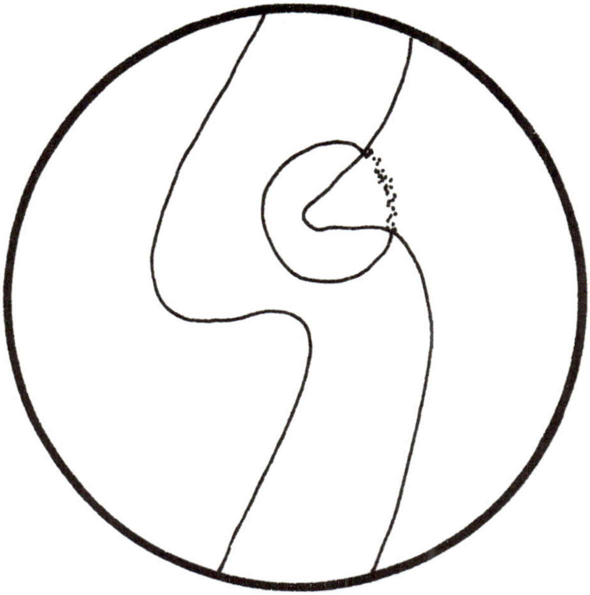

Schild, um eine Wohnung zu finden

Als sich mein ältester Sohn entschloss, in einer völlig überfüllten Universitätsstadt zu studieren, hob ich ihm diesen Schild. Nach wenigen Tagen konnte er ein in jeder Hinsicht günstiges Appartement beziehen.

Der Schild zeigt einen Anker, der an seinem oberen Ende von Lichtstrahlen umkränzt ist.

Schild um einen Platz in einem guten Internat

Die Mutter eines verhaltensgestörten Jungen bat um diesen Schild. Jeder Internatsleiter hatte sich bis jetzt geweigert, das extrem schwierige Kind bei sich aufzunehmen. Nachdem der Schild für diesen Jungen gehoben war, fand sich bald ein Platz für den Jungen.

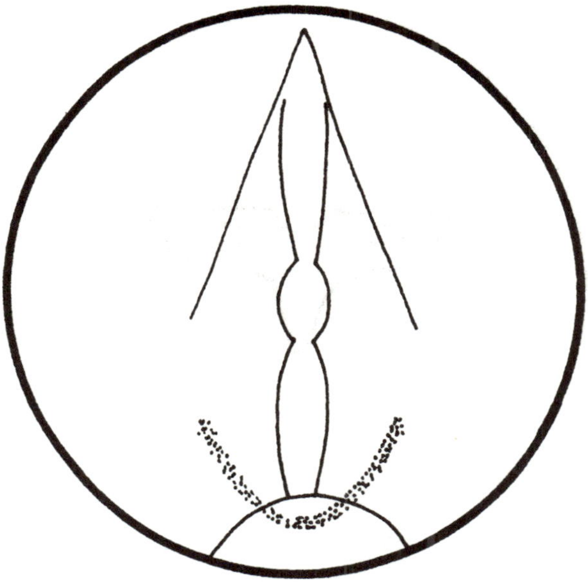

Schild, um hinter die Maske zu sehen

Ein Witwer, der einen kleinen Sohn hatte, bat um diesen Schild. Der aktuelle Anlass dazu war, dass er seine neue Freundin heiraten wollte. Er machte sich jedoch Sorgen, ob sie seinen Sohn akzeptieren und ihm eine gute Mutter sein würde. Nachdem er den Schild bei sich hatte, kam es zu einer heftigen mehrtägigen Auseinandersetzung, die zu einer Trennung des Paares führte: Die Dame hatte ihre Maske fallen lassen.

Schild, um unbeschadet zu überstehen

Dieser Schild wurde für den Sohn eines Klienten gehoben. Er hatte aufgrund der familiären Gegebenheiten ein hartes, verwirrendes Schicksal durchzumachen. Mein Auftraggeber wünschte dem Jungen, dass er den ganzen Trouble unbeschadet überstehen würde.

Der Schild zeigt eine zarte, jedoch aufrecht stehende Rose, die wohl symbolisch für das Kind steht.

Schild zur Verbesserung der Vater-Sohn-Beziehung

Zwei Halbkreise, die mit dem Rücken aneinander lehnen, versinnbildlichen hier wohl Vater und Sohn.

Schild zum Annehmen einer neuen Situation

Der Schild wurde in Auftrag gegeben, um nach einem familiären Drama allen Betroffenen zu innerer Ruhe zu verhelfen.

Schild, dass … kommt

Eine geschiedene Mutter, die ihre Kinder in der Obhut des Vaters gelassen hatte, gab diesen Schild in Auftrag. Sie hatte auf ihre Kinder verzichtet, weil sie wünschte, dass sie in ihrer gewohnten Umgebung blieben, und sich dafür ein großzügiges Besuchsrecht eingehandelt. Obwohl sie dem Vater der Kinder große finanzielle Opfer gebracht hatte, beeinflusste er die Söhne so, dass die gemeinsamen Ferien gekürzt wurden und die Kinder seltener zu Besuch kamen.

Der Schild half schnell dazu, dass die Kinder ihre Mutter wieder häufiger besuchten.

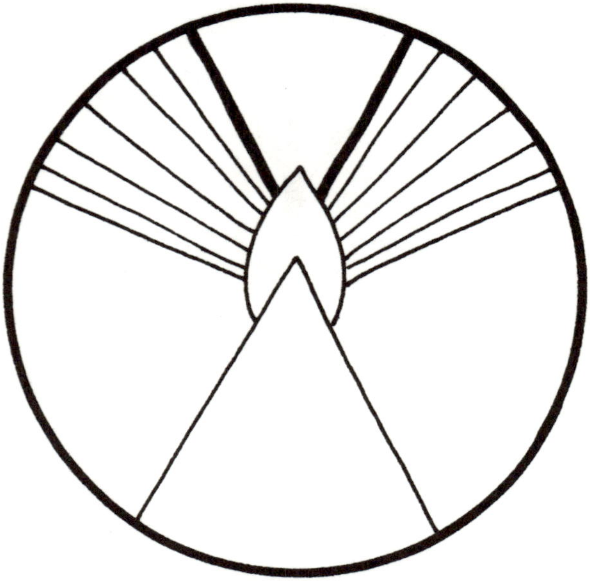

Schild, um wieder ins Lot zu kommen

Dieser Schild wurde für einen Mann gehoben, der sich auf der Suche nach einem neuen Lebenssinn völlig in die Lehre einer Sekte verstrickt hatte. Er versuchte seine Überzeugung auch auf Frau und Kinder zu übertragen, was zu familiären Verwirrungen führte. Mit Hilfe des Schildes fand er zu einer gemäßigteren Einstellung zurück.

Schild, um richtig mit Aggressionen umzugehen

Der Schild wurde für einen schwer gestörten Buben in Auftrag gegeben. Er war auffallend aggressiv, verprügelte seine Kameraden und konnte sich nur in gewaltsamen Handlungen ausdrücken. Durch diesen Schild wurde er zunächst so sanft, dass die Eltern sich wünschten, seine Wirkung könnte rückgängig gemacht werden. So ungewohnt war es für sie, dass ihr Sohn sich, ohne sich zu wehren, von seinen Mitschülern verprügeln ließ.

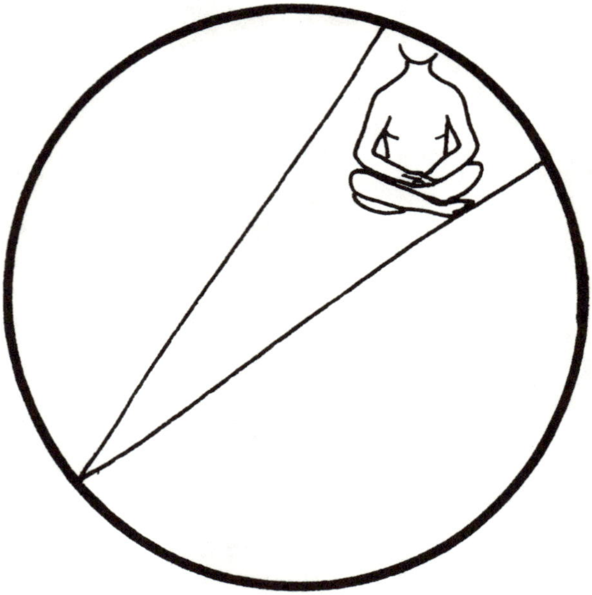

Schild für eine Pflegestelle

Dieser Schild wurde für ein geistig behindertes Kind in Auftrag gegeben. Es war sehr schwer, einen Pflegeplatz für das Kind zu finden, weil es an extrem ekelerregenden Ausscheidungen litt und sich deshalb keiner mit ihm befassen wollte.

15

Symbole für Karriere und Beruf

Schild zum Gelingen einer Doktorarbeit

Dieser Schild verhalf dazu, eine Doktorarbeit in erstaunlich kurzer Zeit erfolgreich abzuschließen. Da nicht jeder eine Doktorarbeit macht, empfehle ich, ihn sinngemäß zu verwenden, z. B. um eine Prüfungsarbeit, eine Facharbeit oder Ähnliches erfolgreich und ökonomisch zum Abschluss zu bringen.

Schild, um zwischen zwei entgegengesetzten Kräften zu bestehen

Dieser sehr wirksame Schild wurde von mir für einen Menschen gehoben, der in seiner beruflichen Position die Direktiven von zwei verschiedenen Vorständen auszuführen hatte. Da beide nicht die gleichen Vorstellungen und Ziele hatten, bekam mein Klient widersprüchliche Anweisungen. Er litt sehr darunter und hatte bald das Gefühl, zwischen diesen entgegengesetzten Strömungen aufgerieben zu werden. Dieser Schild zeigt ein duplizierendes Muster. Gleichzeitig ist neben der reinen Beschreibung der Situation auch ihre Lösung aufgezeichnet. Der von den beiden gleich großen Kräften bedrängte Mensch hat seine Hände zum Himmel gehoben und seine Füße fest auf den Boden aufgesetzt; er wirkt so wie ein Baum, der von der Erde und den kosmischen Kräften gleichzeitig ernährt und gestärkt wird. Nachdem der Klient durch die Kraft des Schildes geschützt war, konnte er die berufliche Situation überraschend klären.

Schild: das Wichtigste zuerst

Was für ein seltsames Muster! Ein Auge, neben das senkrecht die Augenbraue gestellt ist und das zwei Reihen von Wimpern trägt. Damit wird ausgedrückt, dass Menschen, die nicht wissen, wie sie ihren Tag und ihre Arbeit einteilen sollen, eine verschobene Art der Wahrnehmung haben. Sie sehen einfach nicht, was die Sache ist, und verzetteln sich dann mit Kleinigkeiten, indem sie das Unwichtige vor dem Wichtigen tun. So wird der Berg von Arbeit, der vor ihnen liegt, immer größer und setzt sie unter Druck.

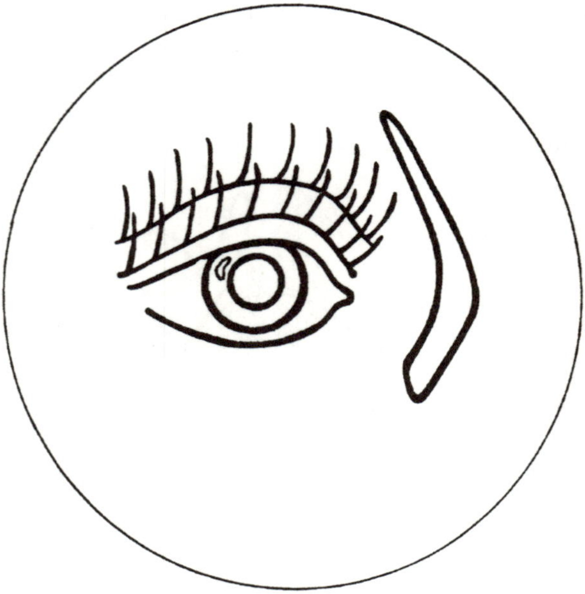

Schild für Bewährung am Arbeitsplatz

Dieses Muster überträgt große Kraft und Selbstsicherheit. Es zeigt eine Halskette aus Tierzähnen, die ihrem Träger Mut und Stärke vermittelt. So geschützt ist es für den Verwender dieses Schildes keine Frage mehr, sich an seiner neuen Stelle oder bei einer größeren Aufgabe zu bewähren. Er hat die Sicherheit und Gewissheit, dass er alle Aufgaben ohne Zweifel und Zögern bewältigen wird.

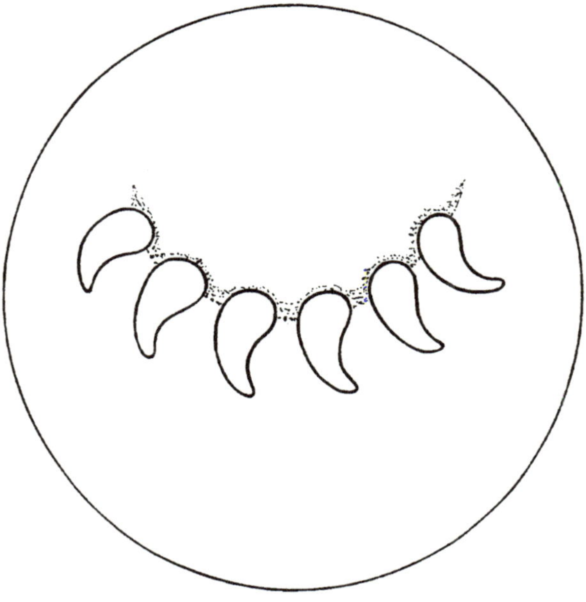

Schild zum Schutz am Arbeitsplatz

Das Thema des Schildes ist in der Überschrift verkürzt wiedergegeben und sollte eigentlich heißen: »Schutz vor einer bestimmten Person am Arbeitsplatz.«

Der Klient sagte mir, ihm würde es schon genügen, an seiner Arbeitsstelle unbeachtet zu bleiben und in Ruhe gelassen zu werden. Genau das trat auch ein, als er den Schild auf seine Schreibtischunterlage klebte: Die Vorgesetzte, die durch ihr Verhalten den Anlass zu diesem Schild gegeben hatte, hielt eine deutliche Distanz zu meinem Auftraggeber ein.

Schild für einen geeigneten Arbeitsplatz

Dieser Schild ähnelt dem vorhergehenden. Oftmals ist zu sehen, dass Schilde mit ähnlichem Thema auch ähnliche Muster zeigen. Daher nehme ich an, dass der achtfache Stern, der sich in vielen konzentrischen Kreisen befindet, etwas mit einem harmonischen Arbeitsplatz zu tun hat.

Ich bin der Ansicht, dass das schwarze Segment das Augenmerk auf diejenige Beschäftigung lenken soll, die für die jeweilige Person die befriedigendste ist.

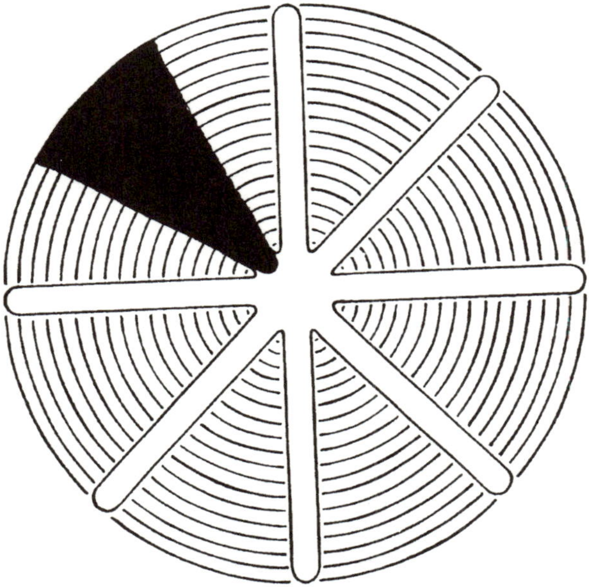

Schild für berufliches Fortkommen I

Es folgen drei Schilde zur Förderung der Karriere. Wählen Sie den Schild aus, der Ihnen am meisten zusagt.

Dieser Schild zeigt einen hell strahlenden Berggipfel. Er wurde für eine junge Frau gehoben, die ihren Fähigkeiten entsprechend eingesetzt werden und keine subalterne Position mehr einnehmen wollte.

In der Tat kam meine Auftraggeberin in ihrem Beruf beachtlich voran. Wie der Schild zeigt, führte der Weg steil nach oben, was sie einige Mühe kostete.

Schild für berufliches Fortkommen II

Dieser Schild wurde für einen Mann gehoben und zeigt ein ähnliches Motiv wie der vorhergehende.

Schild für berufliches Fortkommen III

Dieser Schild wurde für eine Frau gehoben. Auch er zeigt den steilen Berggipfel des Erfolges.

Schild für die richtige Berufswahl

Diesen Schild fand ich in der Unteren Welt, da ich meinem jüngsten Sohn, der vielseitig begabt ist, die Berufswahl erleichtern wollte. Die drei Äste des pflanzenartigen Gebildes halten harmonisch eine ovale Scheibe und deuten an, dass die verschiedenen Talente für ein Ziel eingesetzt werden können.

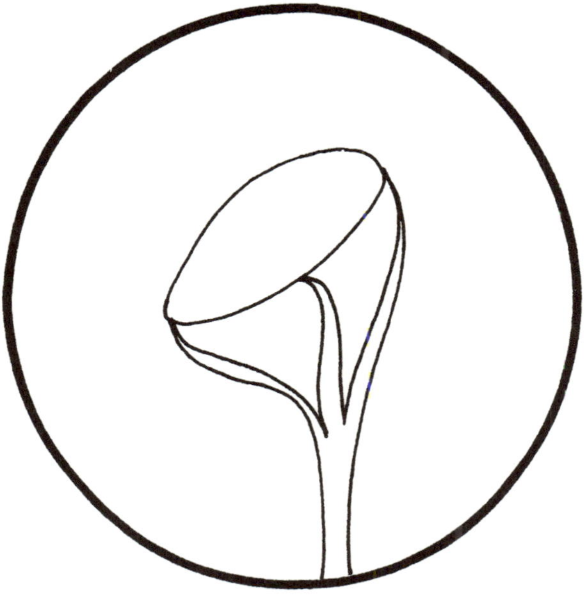

Schild, um wieder ins Berufsleben eingegliedert zu werden

In meinen Augen handelt es sich bei diesem Schildmuster um einen geflügelten Helm. Die Auftraggeberin war eine verschüchterte, aggressionsgehemmte, ältere Dame, die aus wirtschaftlichen Gründen gezwungen war, wieder zu arbeiten. Der Schild half ihr entscheidend dabei, sich durchzusetzen und eine Arbeitsstelle zu finden, in der sie gebraucht wurde und sich wohl fühlen konnte.

Schild für eine neue berufliche Aufgabe

Eine Dame, die ihr Leben lang äußerst erfolgreich und kreativ gearbeitet hatte, wünschte sich diesen Schild für eine neue Aufgabe.

Ich glaubte kaum an seine Wirkung, aber zwei Wochen später hatte sie einen Vertrag in der Tasche, der sie zufrieden stellte.

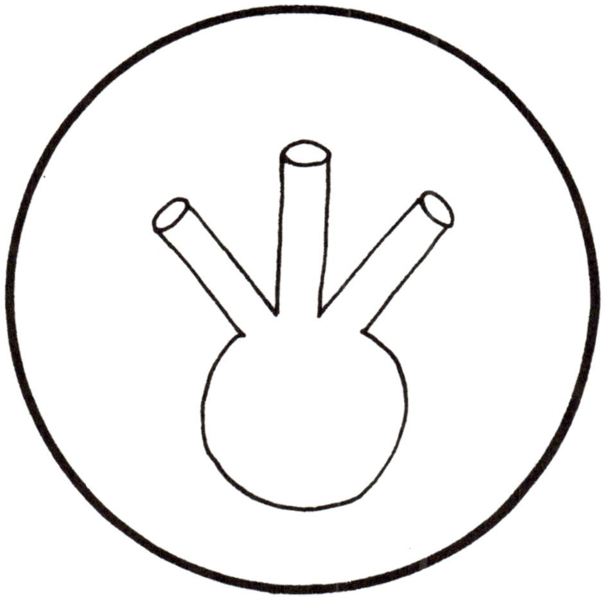

Schild gegen die Angst vor Rückschritten

Eine volle Amphora wird umgekippt und ihr ganzer Inhalt fließt heraus. Genau diese Befürchtung trug meine Klientin in sich, sie hatte stets eine unbegründete Angst, ihre erworbenen Fähigkeiten und Kenntnisse im Beruf zu verlieren und dann buchstäblich mit einem ganz leeren Gefäß dazustehen.

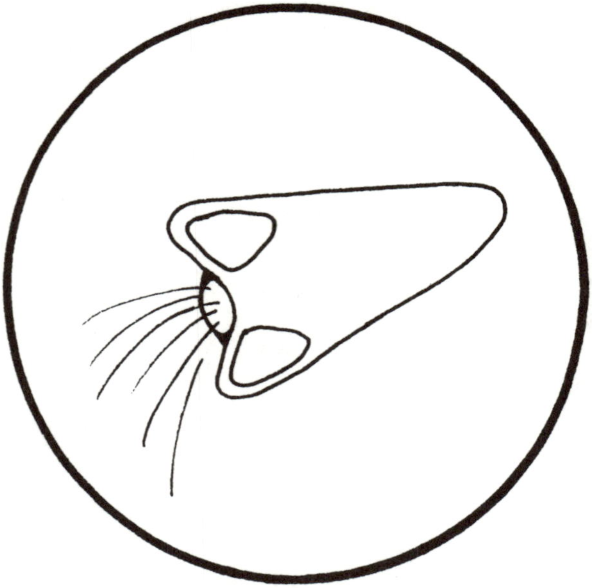

Schild für eine richtige Entscheidung

Ein dunkles Zeichen wird von zwei eindringenden Keilen bedrängt. Mein Klient stand vor der Frage, bei seiner gewohnten Arbeitsstelle zu bleiben oder in eine andere Stadt zu ziehen, um sich beruflich zu verbessern. Als er den Schild erhalten hatte, entschied er sich für den Umzug.

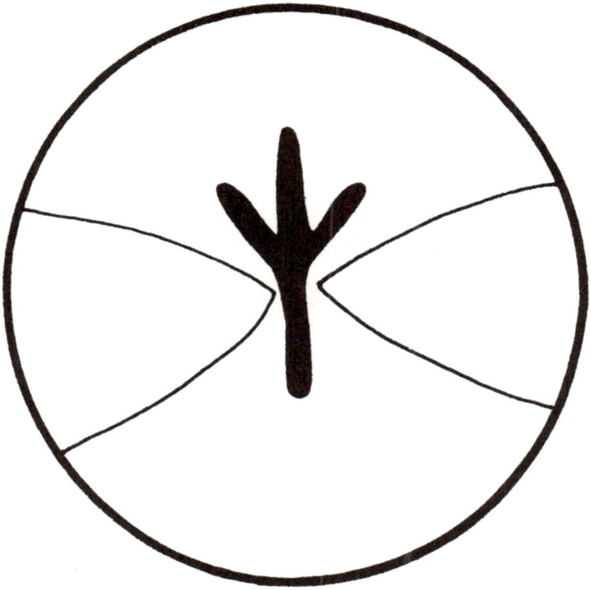

Schild für Abstand

Dieser Schild wurde von einer Angestellten in Auftrag gegeben, die unter ihrer Vorgesetzten litt; sie drang wiederholt in den Arbeitsraum meiner Klientin ein und mischte sich in deren Aufgabenbereich ein.

Nachdem dieser Schild gehoben war, trat Ruhe ein.

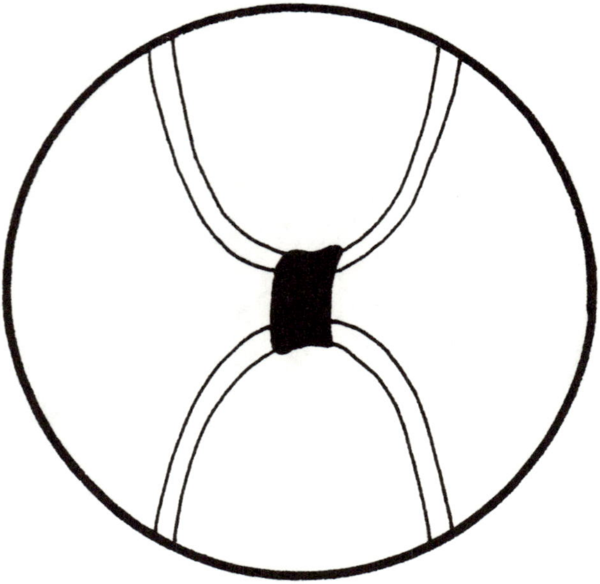

Schild zum Abschluss des Studiums

Ein »ewiger Student« bat um diesen Schild. Er war schon Ende dreißig und hatte es noch nicht zu einem Abschluss gebracht. Im Laufe der Jahre war er zudem mutlos geworden und zweifelte an sich selbst und seinen Fähigkeiten. Einige Monate, nachdem er den Schild besaß, konnte er seine Studien erfolgreich abschließen.

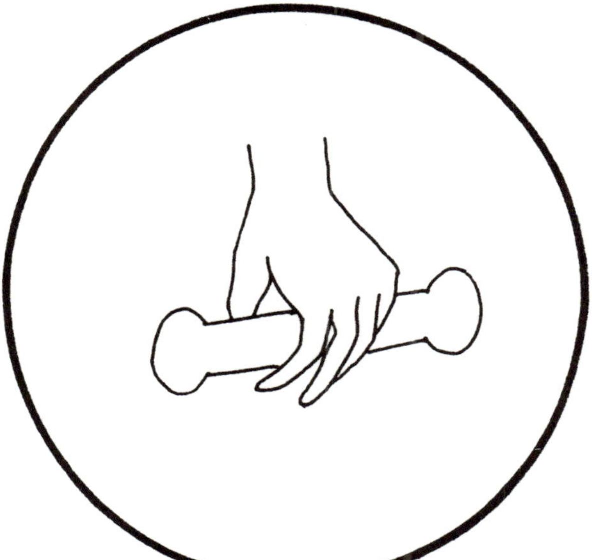

Schild, um sein Arbeitspensum erledigen zu können

Dieser Schild dupliziert die Situation und löst sie dadurch auf. Ein Mensch, der erschöpft und niedergedrückt zusammenbricht, ist hier das Thema. Menschen, die unter einer solchen Belastung stehen, haben – wie der Schild zeigt – häufig Probleme mit ihrer Wirbelsäule und klagen über Rückenschmerzen.

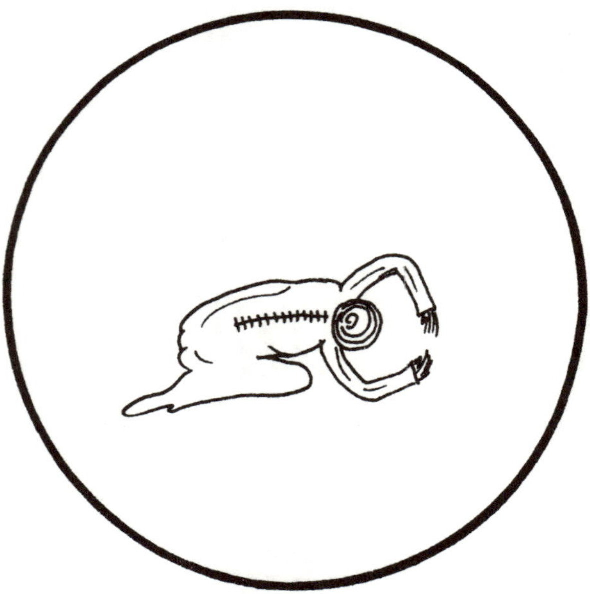

Schild zur Sammlung auf das Studium

Der Schild half einer Studentin, die sich nur allzu gern von ihrem Studienstoff ablenken ließ. Sie konnte sich wieder konzentrieren, und es war ihr möglich, weiterzulernen.

Schild für das glückliche Gelingen einer Prüfung

Mein jüngster Sohn bat um diesen »Zauber«, als er eine entscheidende Prüfung zu bestehen hatte. Zu seinem Erstaunen war er während der Prüfung so ruhig und gelassen wie der flötenspielende Hirtenknabe auf dem Schild.

16

Symbole zum Schutz

Schild zum Schutz vor den Angriffen einer Frau

Der von links kommende Strahl ist wohl symbolisch als Angriff zu verstehen, der das dunkle Dreieck trifft. Die Situation wird so dargestellt, wie sie die Betroffene empfindet. Es handelt sich also um einen duplizierenden Schild.

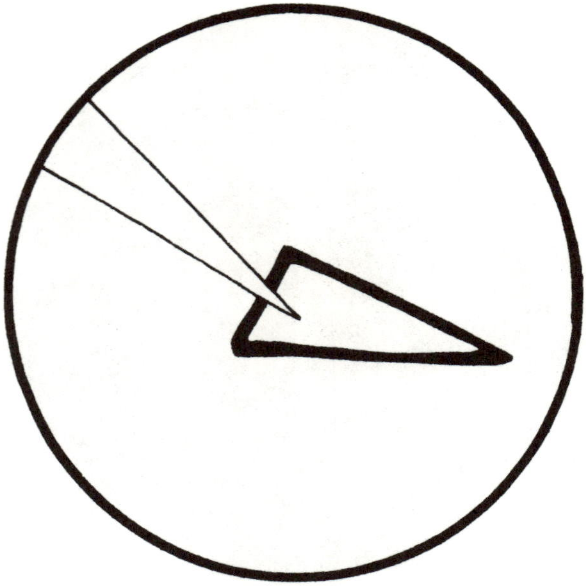

Schild gegen schwarze Magie

Hier ist einer der Schilde zu diesem Thema zu sehen. Eine dunkle Kralle umschließt bedrohlich eine lichte Kugel. Auch dieser Schild stellt eine Situation so dar, wie sie gerade ist, und dupliziert sie.

Schild zum Schutz vor Vampiren

Ein spinnenartiges Wesen ist hier zu sehen; sein Mund ist geöffnet und seine Augen fixieren den Betrachter. Besonders Therapeuten kennen die Art von »Vampiren« in Menschengestalt, die einem Kraft und gute Laune absaugen können.

Schild zum Schutz vor eindringenden Wesenheiten

Heutzutage ist es in weiten Kreisen, insbesondere unter Jugendlichen, populär geworden, Séancen abzuhalten. Während diesen spiritistischen Sitzungen werden zum Spaß die Geister Verstorbener oder andere Wesen angerufen. Nicht jeder Teilnehmer bleibt nach einer solchen Sitzung unbehelligt und wird anschließend von eindringenden Wesenheiten belästigt. Hier ist schamanische Hilfe angesagt; dieser Schild dient zum Schutz und zur Vorbeugung vor solchen Geschehnissen.

Besser ist es natürlich, wenn man solche Veranstaltungen gar nicht erst besucht.

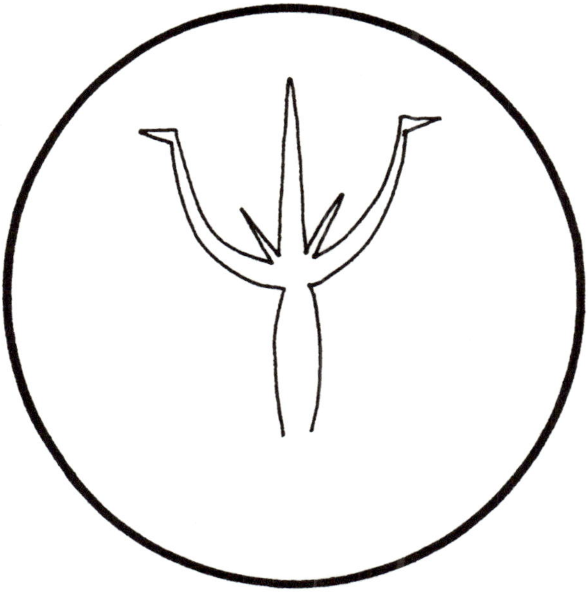

Schild: … mächtig in Schranken I

Manchmal gibt es Menschen, die uns aus Groll oder Neid schaden wollen und uns mühselige Hindernisse über unseren Weg legen. Es ist verständlich, wenn man hier um Abhilfe bittet. Da aber das Gesetz gilt, niemandem Schaden zuzufügen, habe ich den Schilden, die zu diesem Zweck gehoben wurden, einen bestimmten Namen gegeben: »… (Name) mächtig in Schranken«. Die Eigenschaft der Person, die uns bedrängen oder schädigen will, wird durch diesen Schild in Schranken gewiesen. Nicht mehr und nicht weniger!

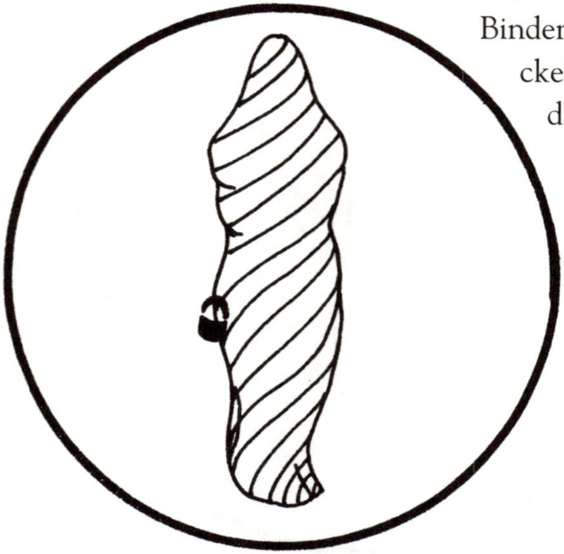

Der Schild zeigt eine in Binden eingewickelte Person, die noch dazu mit einem Vorhängeschloss gesichert ist.

Schild: … mächtig in Schranken II

Auch durch diesen Schild wurde der Angriff einer Person schnell abgewehrt. Er zeigt einen Menschen, der hinter Gittern sitzt.

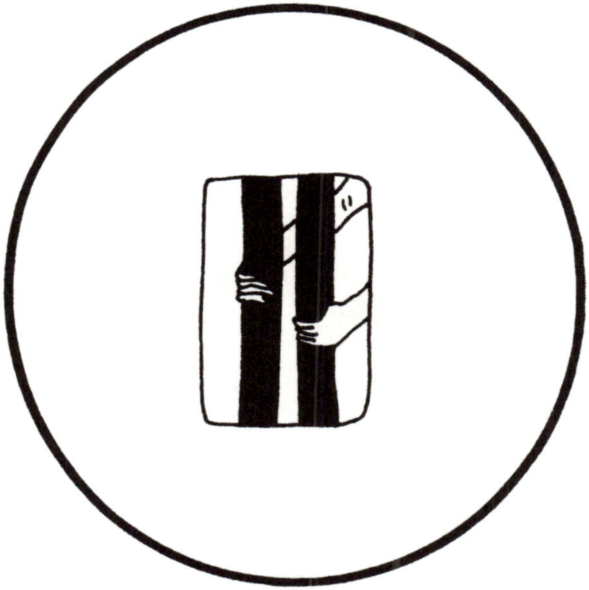

Schild zum Schutz vor Angriffen

Eine Axt, die sich eingehakt hat, ist hier zu sehen. Der Schild stellt also einen bereits erfolgten Angriff dar und dupliziert so das Geschehen.

Schild zum Schutz vor der Ausstrahlung eines Menschen

Ein Pfeil, der sich im Anflug auf sein Zielobjekt befindet, ist hier zu sehen. Die Spitze, die treffen soll, zeigt jedoch einen Riss, der sie letztlich zum Zerbröckeln bringt. Der Angriff wird also sein Ziel nicht erreichen.

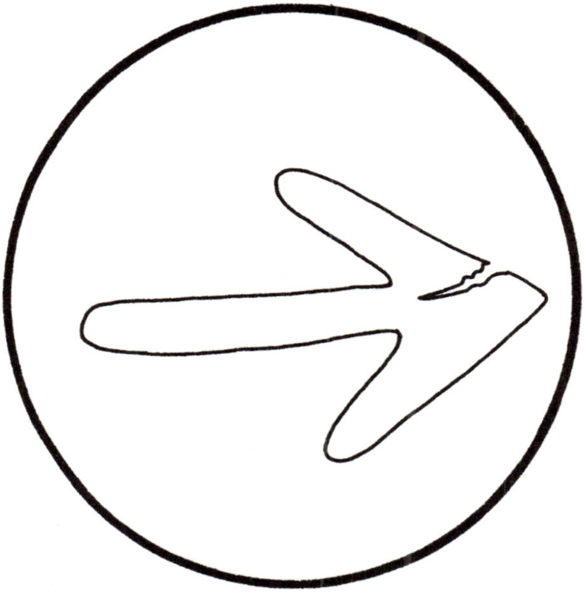

Schild zum Schutz vor Aggressionen Nahestehender

Der Schild führte dazu, dass sich die in einer größeren Familiengemeinschaft lebenden Widersacher zunächst einmal aus dem Weg gingen. Dies entspannte die ganze Situation und ermöglichte dann eine Klärung.

Schild zum Fortbestehen einer Schule

Der Fortbestand einer Spezialschule mit besonders sensibel ausgebildeten Lehrern war durch verschiedene Umstände bedroht. Der Schild verhalf in kürzester Zeit dazu, dass diese Einrichtung den Kindern, die sie brauchten, erhalten blieb.

Schild gegen die Aggressionen eines Vorgesetzten

Die Darstellung dieses Schildes legt nahe, dass sowohl der Angestellte als auch sein Chef selbst einem enormen Druck ausgesetzt sind. Es ist zu vermuten, dass der Vorgesetzte diesen Stress an seine Untergebenen weitergibt.

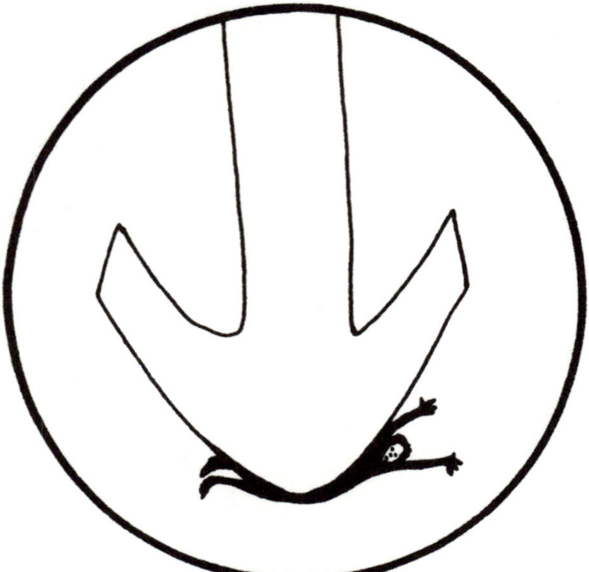

Schild: Hände weg von ...!

Eine Frau, die geschieden war, bat um diesen Schild. Ihr früherer Mann bedrohte sie immer wieder und sie fürchtete sich vor seinen heftigen Aggressionen. Der Schild führte dazu, dass ihr geschiedener Mann sie deutlich weniger belästigte.

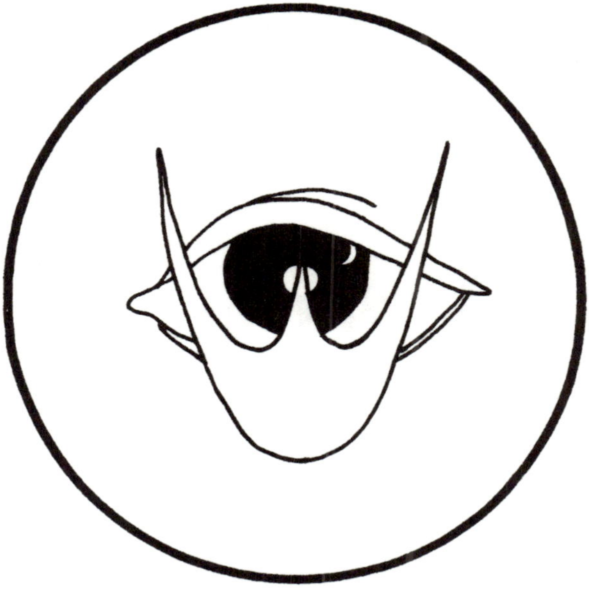

Schild gegen Aggressionen des Nachbarn

Um sich vor Aggressionen aus dem Nachbarhaus oder der benachbarten Wohnung zu schützen, befestigt man diesen Schild jeweils in dreifacher Ausführung an den gemeinsamen Wänden. Das »Gesicht« des Schildes sieht dabei in die benachbarten Räume.

Schild gegen einen aggressiven Nachbarn

Beim vorhergehenden Schild handelt es sich um eher versteckte Aggressionen, die von den Nachbarn ausgesandt werden.

Dieser Schild hier hilft gegen offene Bedrohung eines aggressiven und gewalttätigen Nachbarn.

Schild zum Schutz vor einem spirituellen Ausbilder

Immer mehr Menschen folgen dem Bedürfnis nach spiritueller Entwicklung, und dabei geraten sie oft in die Hände von zweifelhaften Lehrern. Der Schild ist zum Schutz vor denjenigen »Gurus« gedacht, die ihre Schüler zu stark beeinflussen und dabei nicht mehr loslassen wollen.

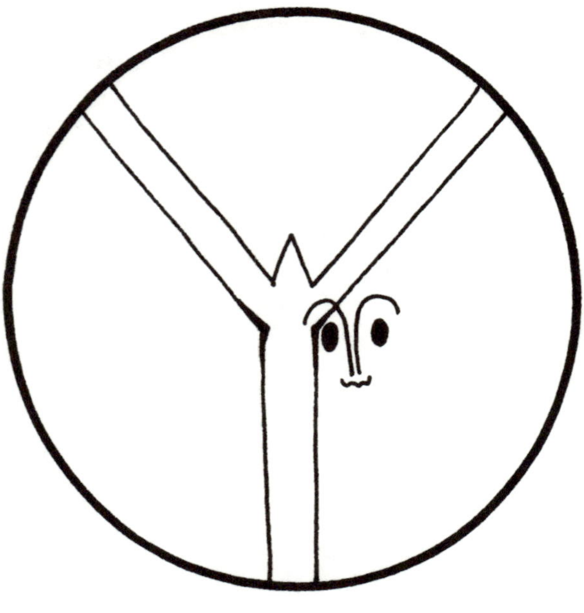

Schild zum Schutz einer Veröffentlichung

Wir werden von Geschriebenem überschwemmt – es ist immer wieder ganz erstaunlich, was alles gedruckt wird. Natürlich sind auch die »Abschreiber« am Werk, die Ideen und Arbeiten anderer stehlen. Gegen diese Plagiatoren hilft der Schild.

Schild gegen Fanatismus

Eine dunkle Wesenheit hat ihren Fuß in einen hellen Kreis gekrallt. Sie symbolisiert den Fanatiker, der um keinen Preis von seinen Ansichten lässt.

17

Symbole zur persönlichen Entwicklung

Schild, um Selbstwertgefühl und Tatkraft zu vereinigen

Dieser Schild vereint das Selbstwertgefühl mit der Tatkraft. Er zeigt einen stilisierten Schiffsbug, der auf seinem Weg zum Ziel mit voller Kraft die vor ihm liegenden Wellen zerteilt. In ihm kommt das selbstverständliche Vertrauen zum Ausdruck, mit dem ein Mensch im vollen Bewusstsein seiner selbst und seiner Kraft seine Pläne verwirklicht.

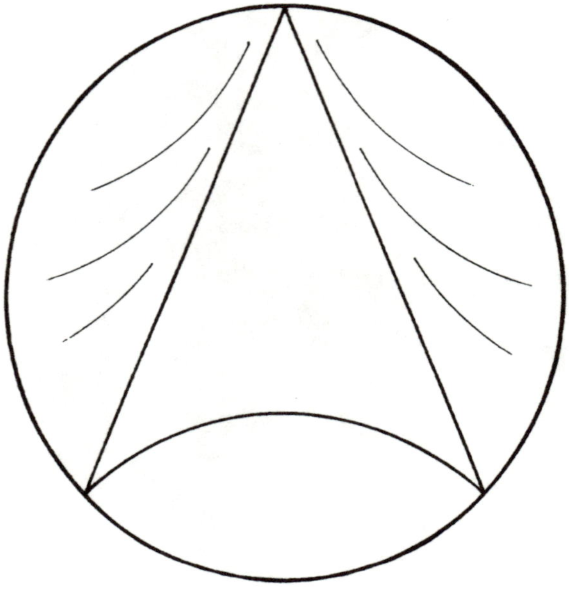

Schild für Handlungsfähigkeit

Hier strecken sich uns zwei in Ketten gelegte Hände entgegen. Der Schild begnügt sich nicht nur damit, die Tatsache zu beschreiben, dass mit gefesselten Händen keine Handlungen möglich sind, sondern er sendet eine nachdrückliche Aufforderung an den Betrachter. Es wird kaum eine Person geben, die sich dem dringenden Appell dieses Bildes entziehen kann. »Befreie mich«, ist wohl der Ruf, den jeder empfängt, wenn er diesen Schild betrachtet.

Schild für Selbsterkenntnis und Selbstwertgefühl

Selbsterkenntnis ist für viele mit Unbehagen oder gar Schmerz verbunden. Aus diesem Grund entsteht eine emotionale Abwehr, die den Vorgang der Selbsterkenntnis behindert. Der Schild zeigt, dass sich Selbsterkenntnis und Selbstwertgefühl in einem positiven, strahlenden Geschehen treffen und eine harmonische Entwicklung einleiten können.

Schild zur Lösung alter neurotischer Muster

Ganz unmissverständlich ist hier ein Pinsel zu sehen, der ein Muster übermalt. Genau so, wie auf dieser bildlichen Darstellung, soll der Schild dazu verhelfen, alte Engramme in unserer Psyche auf eine sanfte Art und Weise aufzulösen und zu löschen.

Es empfiehlt sich, diesen Schild über einen längeren Zeitraum anzuwenden, denn es versteht sich von selbst, dass alte Muster und Gewohnheiten nicht im Handumdrehen aufzulösen sind.

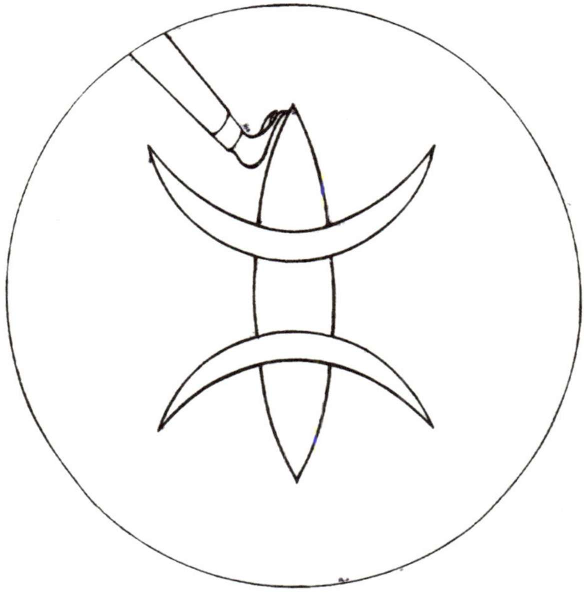

Schild zur Synchronisation der Gehirnhälften

Hier ist ein einleuchtendes Muster zu sehen. Die beiden oberen Arme des Ypsilons symbolisieren die rechte und die linke Gehirnhälfte. Der Vorgang der Synchronisation ist im unteren Schenkel dargestellt: Rechts und links vereinigen sich und führen zu einem zielgerichteten Impuls.

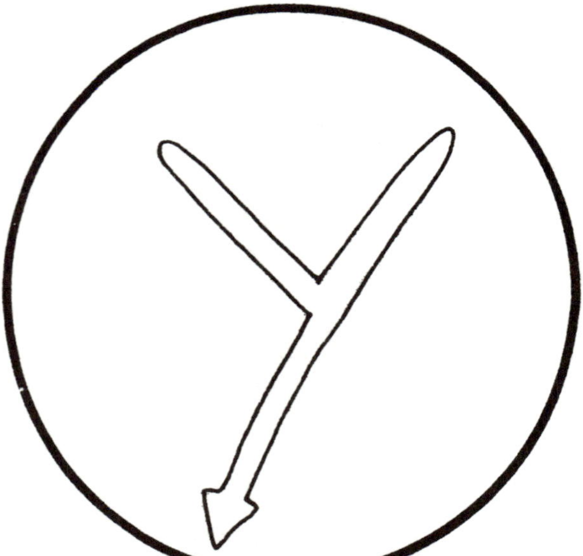

Schild, um die innere Ruhe zu finden

Dieser Schild wurde für einen Architekten gesehen, der unter einem Auftrag, den er angenommen hatte, beträchtlich litt. Er musste täglich mehrmals große Strecken mit dem Wagen zurücklegen und kam innerlich nicht mehr zur Ruhe. Der Schild zeigt zwei stilisierte Füße, die Kontinuität und Stille ausstrahlen.

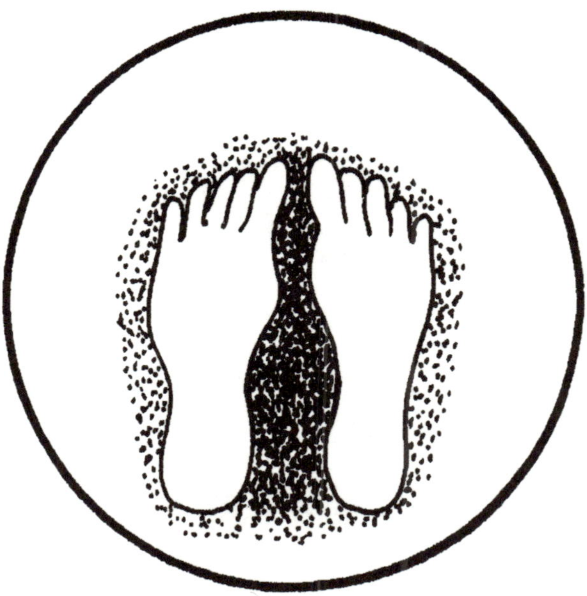

Schild gegen inneren Groll

Eine meiner Klientinnen litt sehr unter ihrem Gefühl von Groll, das sie gelegentlich buchstäblich auffraß. Das Muster dieses Schildes zeigt eine Verengung und den sich daraus ergebenden emotionalen Stau.

Während ich nach dem Schild suchte, wurde mir mitgeteilt, dass Groll eine sehr mächtige, dunkle Kraft ist, die einen Menschen vollkommen kontrollieren kann. Aus diesem Grund müsste man diesem Anliegen mit einem Doppelschild begegnen; das Thema des zweiten Schildes sollte das Abspalten von Groll und Neid sein (folgende Seite).

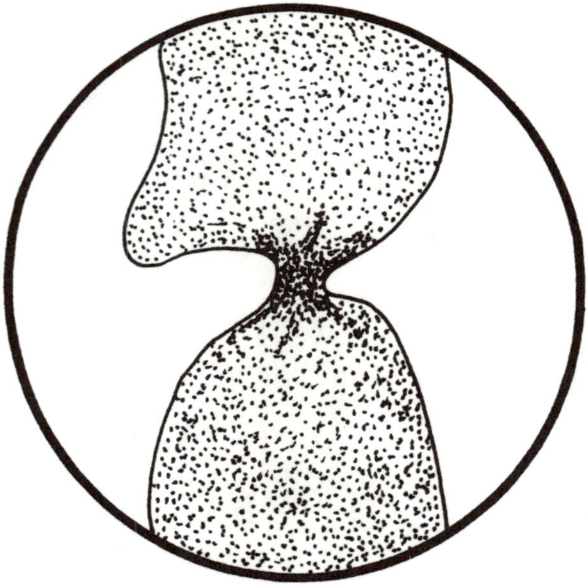

Schild gegen das Abspalten von Neid und Groll

Dieselbe Klientin litt auch darunter, dass sie diese beiden negativen Emotionen immer wieder ungezügelt losließ. Die dunkle Spinne symbolisiert diese Kräfte. Sie taucht häufig in den Zeichnungen psychisch Schwerkranker auf; solche Menschen sind manchmal in der Lage, das, was sie quält, in symbolischer Gestalt wahrzunehmen. Dieses Phänomen ist nicht nur auf Geisteskranke beschränkt. Denken Sie nur an die Zeichnungen des spanischen Künstlers Goya: Auch in ihnen taucht die schwarze Spinne auf.

Schild zur persönlichen Entwicklung

Diesen wunderschönen Schild fand ich, als ich meinem jüngsten Sohn ein Geschenk machen wollte. Zwei Palmen, die an einem Abhang über dem Meer stehen, wiegen sich sanft im Wind, dahinter glitzert das blaue Wasser in der Mittagssonne. Leider gelang es mir nur unvollkommen, Freude und Frieden, die dieses Bild ausstrahlt, auf das Papier zu bekommen. Gewirkt hat der Schild trotzdem und tut es bis heute.

Schild, um sich der universalen Liebe öffnen zu können

Ein fünfzackiger Stern steht inmitten eines strahlenden Flammenkranzes. Der Stern stellt einen Menschen dar, der mit ausgebreiteten Armen und Beinen im Licht steht. Er hat sich so, symbolisch ausgedrückt, der kosmischen Liebe geöffnet.

Schild, um seine Lebensaufgabe zu finden

Eine Dame, die mit ihrem Beruf zufrieden war, aber dennoch die Sehnsucht nach einer Aufgabe hatte, die ihr auch spirituell mehr geben konnte, gab den Auftrag zu diesem Schild.

Schild, um Prioritäten im Leben zu finden

Ein leeres Boot mit vielen Rudern schaukelt ziellos im Wasser. Es ist kein Steuermann da, der dem Boot Richtung und Führung geben könnte.

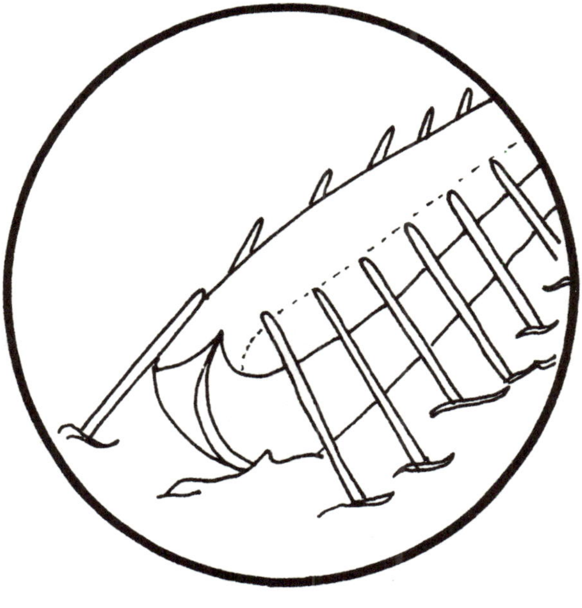

Schild der Rücksichtslosigkeit

Dieser Schild ist einer der erfolgreichsten, die ich je gehoben habe. Er wurde von meinen Klienten an ihre Freunde und Bekannten weitergegeben, da er so gute Wirkung zeigte.

Mit Rücksichtslosigkeit ist hier eher die Fähigkeit der Abgrenzung gemeint – einmal »Nein« sagen zu können. Da meine Klienten, die diesen Schild brauchten, Angst davor hatten, für rücksichtslos gehalten zu werden, wenn sie einmal Nein sagten, gab ich diesem Schild seinen Namen.

Schild zur persönlichen Entwicklung

Der Lebensbaum meiner Auftraggeberin hat sich nur einseitig entwickelt. Die eine Seite ist hypertroph, während die andere beinahe verkümmert ist.

Der Schild legt nahe, dass sich beide Seiten in einem ausgewogenen Verhältnis zueinander entwickeln mögen.

Schild zur Öffnung des dritten Auges

Einige Menschen haben den Wunsch, ihr Leben mehr intuitiv wahrnehmen zu können. Für sie ist dieser Schild gedacht, der bei längerem Gebrauch die Sensibilität des dritten Auges fördert und vermehrt.

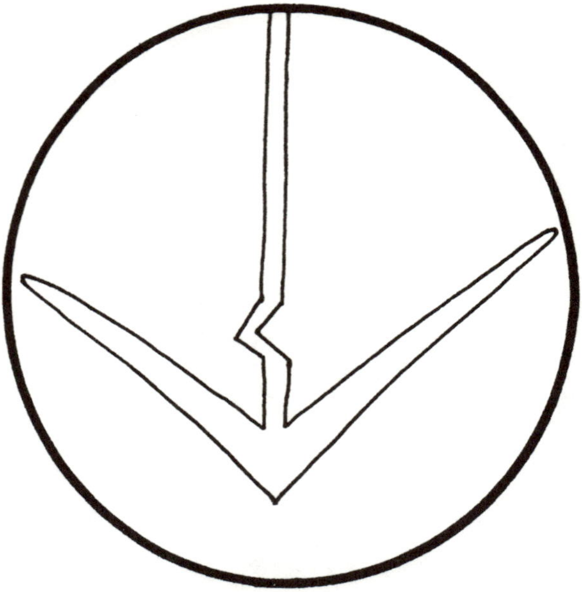

Schild zum Akzeptieren einer neuen Situation

Ein großer Vogel spannt voller Ruhe seine Flügel aus. Er sitzt auf einem Kreis, der wie ein kleiner Planet wirkt, und blickt gelassen auf das, was kommen mag.

Schild zum Abschneiden karmischer Bänder

Esoteriker wissen, dass wir in früheren Leben karmische Bänder knüpften, die uns auch im gegenwärtigen Leben noch fesseln können.

Auf dem Schild flattern diese gelösten Bänder im Wind – im Wind der Freiheit – und zeigen, dass alte karmische Verknüpfungen keinen Bestand mehr haben.

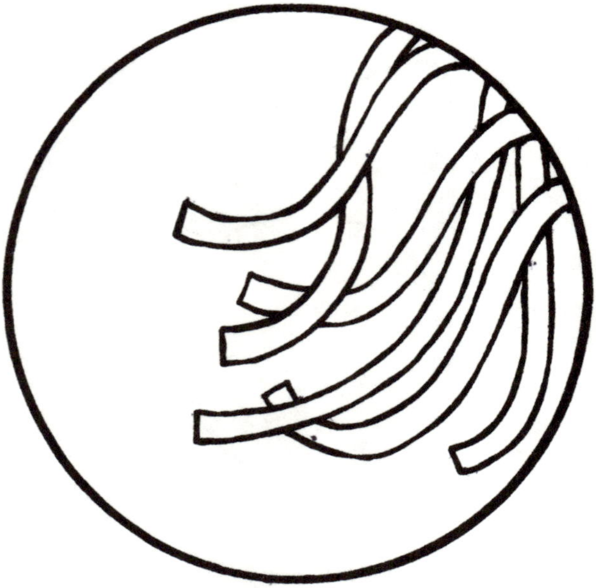

Schild zur spirituellen Entwicklung aus einer Krise

Dieser Schild soll helfen, eine Krise zu überwinden und darüber hinaus noch in eine spirituelle Entwicklung hineinzuwachsen.

Wenn das kleine schwarze Feld, das sich rechts oben befindet, gelöscht ist, zeigt sich ein vollkommenes Muster.

Schild für Einsicht

Eine Hand, die einen Stab hält, ist auf diesem Schild zu sehen. Das Muster fördert die Einsicht in bestimmte Lebensvorgänge, gegen die man sich zuvor gesperrt hat.

Schild für Verantwortungsbewusstsein

Eine Mutter, deren Sohn keinerlei Ansatz zeigte, sein Leben selbst in den Griff zu bekommen, bat um diesen Schild. Er zeigt einen nackten Jungen, der sich völlig sorglos und unbekümmert des Lebens freut. Der Schild dupliziert die Situation und löst sie dadurch auf.

Schild, um den Hass loszulassen I

Wie stark der Hass in uns sitzen kann, zeigt sich schon darin, dass mir zu diesem Thema ein Doppelschild gezeigt wurde. Selbst Menschen, die sich um ihre innere Entwicklung bemühen, leiden nicht selten darunter, dass ihnen immer noch der Stachel des Hasses im Fleisch sitzt. Und genau dies ist auf der Darstellung des Schildes zu sehen.

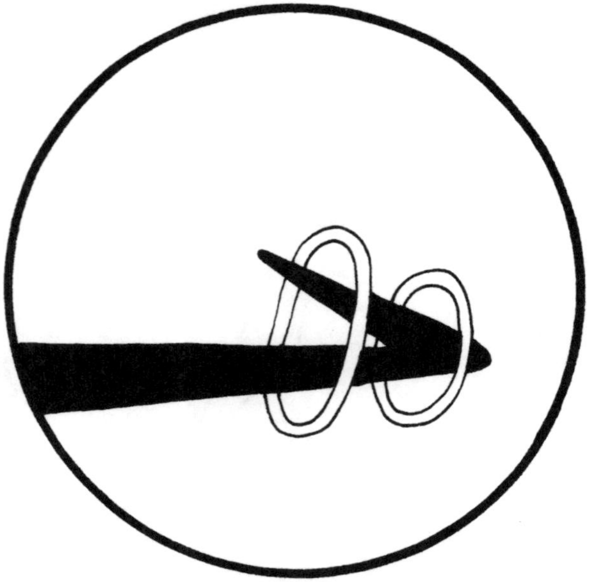

Schild, um den Hass loszulassen II

Der zweite Schild, um den Hass loslassen zu können, zeigt einen Knoten, der sich zu lockern beginnt. Ebenso sollen sich die tief sitzenden Hassgefühle aus ihrer Verzahnung lösen. Wie schwer das sein kann, wird jeder Mensch bestätigen, der in analytischer Arbeit versucht, seinen Schatten zu integrieren.

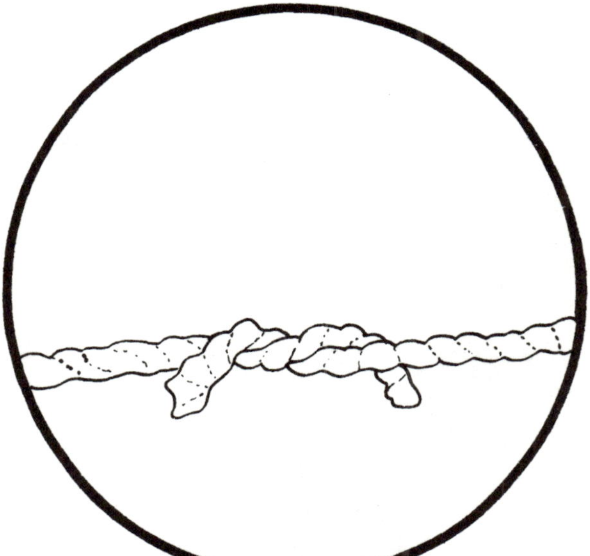

Schild für Zufriedenheit

In einer Konsumgesellschaft werden durch Werbung und Wettbewerb immer neue Wünsche geweckt. Kaum hat man sich einen seiner Wünsche erfüllt, so wartet der nächste darauf, eingelassen zu werden.

Dieser Schild ermöglicht es, so zufrieden zu werden wie das Wesen, das hier selbstvergessen auf der Mondsichel sitzt.

Schild, um verzeihen zu können

Die voller Aggression geballte Faust ist hier von einem hellen Kreis umgeben. Er entschärft das Gefühl der Drohung, die in dieser Geste liegt und verhindert den Impuls zum Zuschlagen – auch im übertragenen Sinne.

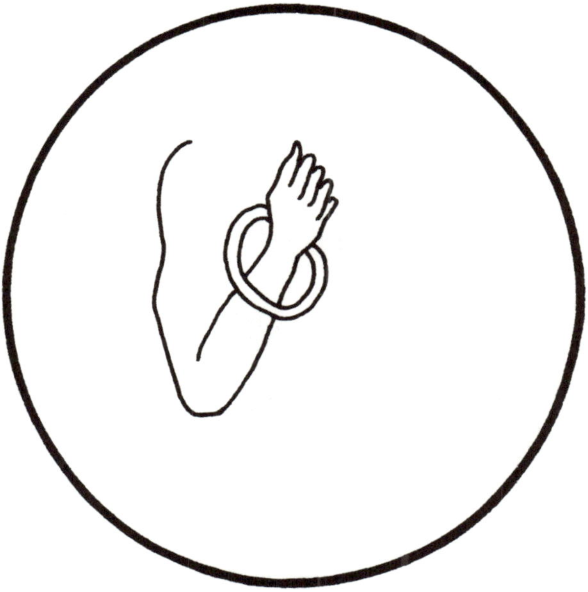

Schild, um Misstrauen zu überwinden

Der Anker des Vertrauens wird von einem dunklen Bogen daran gehindert, auf den sicheren Grund zu fallen. Ebenso hält uns das Misstrauen davon ab, mit einem Gefühl der Sicherheit an Menschen oder Situationen heranzutreten.

Schild, um die Abwehr aufzulösen

Zwei Hände strecken sich in einer heftigen Abwehrgeste in das Bild, die wohl keiner weiteren Interpretation bedarf. Der Schild hilft dazu, die eigene Abwehrhaltung gegenüber bestimmten Menschen oder Situationen zu moderieren. Gleichzeitig mildert er auch Widerstände, die sich unseren neuen Ideen oder Vorhaben in den Weg stellen können.

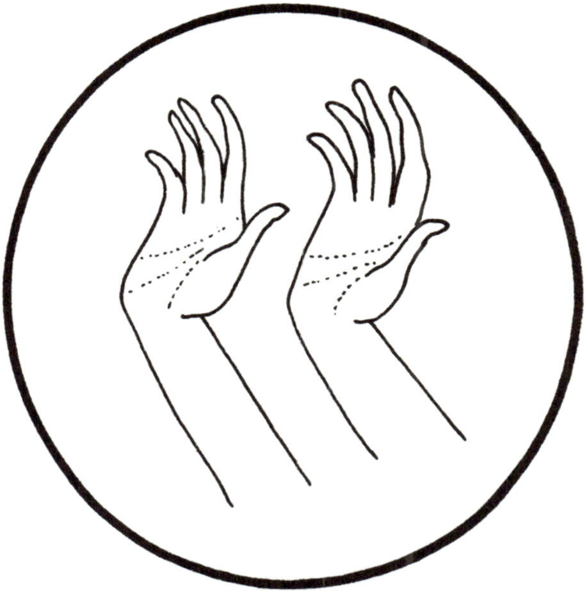

Schild, um sich an Kleinigkeiten zu freuen

Ein knorriger alter Weidenbaum, vom Menschen zurechtgestutzt, bringt im Frühling zwei Triebe hervor, an denen sich winzige, hellgrüne Blättchen entfalten. Viele von uns haben verlernt, sich an solchen »Kleinigkeiten« zu freuen, denn sie sehen nur das bunte Überangebot von Dingen, die wir angeblich brauchen sollen.

Schild, um offen für Schönheit zu werden

Zwei stilisierte Hände halten eine strahlende Nelkenblüte in die Höhe. Hier ist die Freude über die vielfältige Schönheit der Natur und des Lebens dargestellt. Vielleicht sollten wir bedenken, dass der Mensch trotz all der hohen technischen Entwicklung nicht in der Lage ist, das Blatt einer Nelke herzustellen.

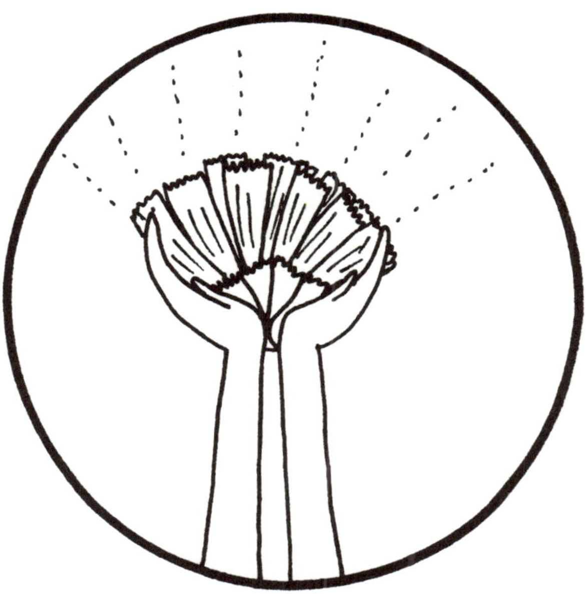

Schild gegen die Angst vor schwerer Krankheit

Dieser Schild zeigt ein strahlendes Herz, das von zwei Händen gehalten wird. Der Schild kann mit dem Symbol von Seite 86 als Doppelschild verwendet werden.

Diese beiden Schilde eignen sich hervorragend zur Meditation. Ich empfehle, sich dabei vorzustellen, dass man genau in den strahlenden Mittelpunkt hineingeht. Schmerzen, Unruhe oder Sorgen werden dadurch deutlich abgemildert, und das Gefühl eines warmen Friedens breitet sich in uns aus.

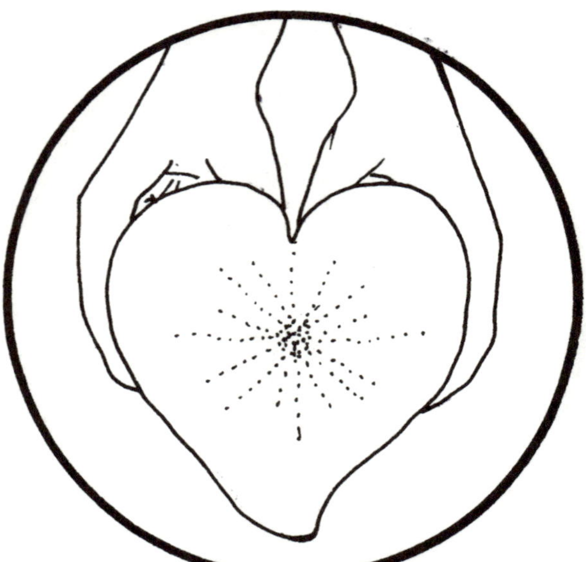

Schild zur Übergabe der Macht

Dieser Schild wurde mir zu Beginn meiner schamanischen Arbeit gezeigt, ohne dass ich darum gebeten hätte. Er schützt uns davor, das, was durch uns geschieht, nicht für unsere eigene Leistung zu halten. Anderenfalls geraten wir nämlich meist schnell in die mehr oder weniger subtilen Fallstricke persönlicher Macht. Daher ist dieser Schild für alle Menschen wichtig, die ihre besonderen Fähigkeiten im Dienste anderer einsetzen.

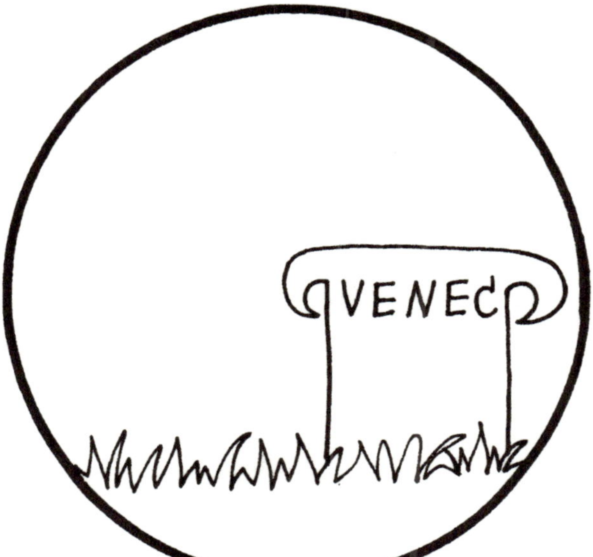

Schild, um sich an frühere Leben zu erinnern

Dieser Schild ist für suchende Menschen gedacht, die um ihre Entwicklung bemüht sind. Er verhilft dazu, sich an das oder die Leben zu erinnern, die wir zu unserer vollständigen Integration in unser jetziges Leben brauchen. Ohne Wissen um einige unserer früheren Leben sind wir nämlich häufig abgeschnitten von einem Wissen, das wir einst hatten.

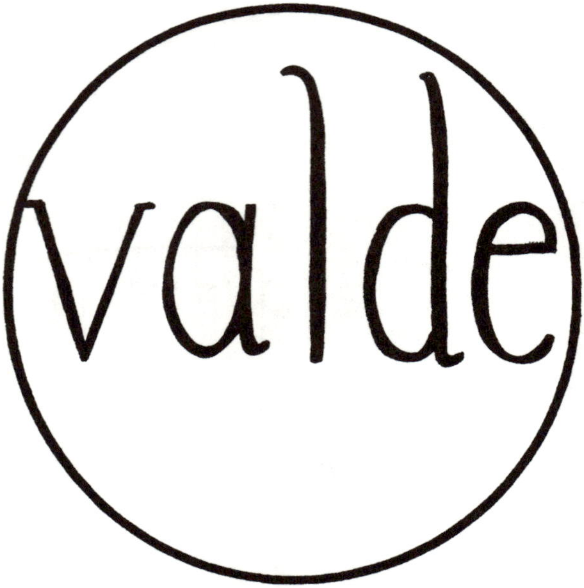

Doppelschild für die armen Seelen

Im Christentum, wie im Schamanismus ist es von Bedeutung, den armen Seelen zu helfen und für sie zu beten. Arme Seelen oder hungrige Geister, wie sie in Asien genannt werden, sind Seelen, die nach ihrem Tode noch nicht in die Obere Welt oder den Himmel gelangen konnten. Dazu brauchen sie unsere Hilfe. Es ist ein großes Geheimnis, dass jeder, der diesen armen Seelen durch Gebete oder das Aufstellen dieser Symbole hilft, auch selbst von diesen Seelen viel Hilfe erfährt.

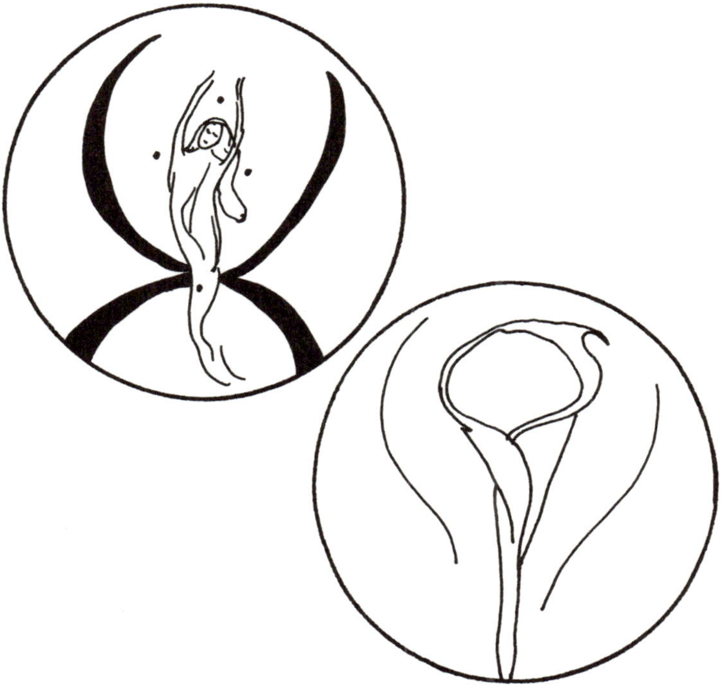

18

Symbole zur spirituellen Entwicklung

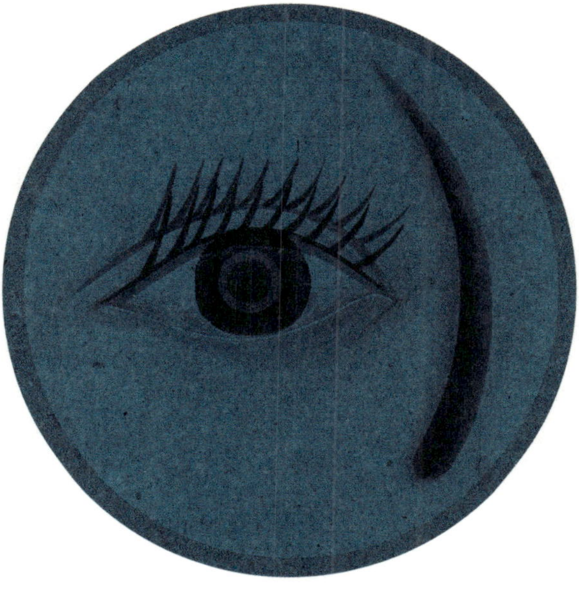

Die Schilde der sieben Todsünden

Eine frühe Gewissheit meiner Kindheit war, immer in der kosmischen Liebe geborgen zu sein. Ich wusste, dass ich nichts tun konnte, um aus dieser Liebe herauszufallen. Und so lebte ich mein Kinderleben mit allen Schmerzen, mit allen Freuden, die in dieser Zeit unausweichlich sind, aber immer in der Gewissheit, dass mir und den anderen letztlich nichts geschehen könne.

Der erste Religionsunterricht machte diesem paradiesischen Zustand bald ein Ende. Ich hörte dort von Sünden, die uns diesen Garten der Freude versperren sollten, und ich hörte auch von den schrecklichsten aller Sünden, den Todsünden.

»Wenn man eine Todsünde begangen hat, kann man nicht in den Himmel kommen«, sagte der Religionslehrer, ein schmaler, blonder Kaplan, und er blickte mit seinen leicht hervorquellenden Augen auf uns herab. Ich starrte ihn beunruhigt an, es gab also etwas, das uns von diesem herrlichen Gefühl des Vertrauens und der Geborgenheit trennen konnte.

»Und was muss man tun, um eine Todsünde zu begehen«, fragte ich gespannt.

»Wenn du einen Menschen tötest, begehst du eine solche Sünde«, war die Antwort.

Ich atmete beruhigt auf, denn in diese Lage würde ich wohl nie kommen. Mein innerer Frieden war wiederhergestellt.

Jahre später erfuhr ich, dass der Kaplan sich hier geirrt hatte: Ich sah in Frankreich einen herrlichen alten Gobelin, auf dem die sieben Todsünden dargestellt waren. Schmale Frauengestalten in der Tracht ihrer Zeit und mit beunruhigenden Namensbändern in lateinischer Sprache zu ihren Füßen: Superbia – der Hochmut, Invidia – der Neid, Avaritia – der Geiz, Ira – der Zorn, Intemperantia – die Unmäßigkeit, Inertia – die Trägheit und Voluptas – die Begierde.

Das also waren in Wirklichkeit die so genannten Todsünden. Vom Töten, wie es mir als Kind erklärt worden war, war hier keine Rede. Auch fiel mir sogleich ein, dass ich beinahe jede dieser schrecklichen Todsünden schon einmal begangen hatte. Ich dachte an all die Tage, die mir in Trägheit und Lähmung durch die Finger geglitten waren. All die Feste, bei denen ich zu viel gegessen, zu viel getrunken hatte. Der helle Zorn, der gelegentlich in mir brannte; der feine, kühle Hauch des Hochmuts, der meine Wangen gestreift hatte.

Die erste Reaktion auf diese Erkenntnis war Wut auf diejenigen, die sich ausgedacht hatten, dass ausgerechnet

Dinge, die jedermann jeden Tag tut, die schrecklichsten aller Sünden sein sollten. Das konnte nur damit zu tun haben, dass sie schuldige, abhängige Menschen wollten, die leichter zu kontrollieren waren. Als mein Zorn verflogen war, beschloss ich, diese Angelegenheit zu vergessen, und es gelang mir auch für einen langen Zeitraum.

Erst Jahre später, als ich mich persönlich mit den intensiven Erfahrungen des Schamanismus befasste, erkannte ich, dass die Todsünden nicht nur aus machtpolitischen Gründen erfunden worden waren, es gab sie, unter anderen Namen, in vielen religiösen Traditionen, und in diesen unscheinbaren Abweichungen wie Trägheit und Neid lauerte wirklich der Tod.

Ich hatte einen Vortrag über schamanische Schilde gehalten. Eine Teilnehmerin kam anschließend auf mich zu und sagte: »Ich glaube, dass es wichtig sein könnte, Schilde für die sieben Todsünden zu holen. Ich würde mich freuen, wenn Sie meinen Auftrag annehmen würden.«

Meine Überraschung war groß, denn an dieses Thema hatte ich jahrelang nicht mehr gedacht; aber die Idee begann mich zu fesseln. Zuerst einmal musste ich die Namen der Todsünden in Erfahrung bringen, ich hatte sie in der dazwischen liegenden Zeit vergessen. Anrufe bei mehreren Geistlichen zeigten mir nur, dass dieses Thema entweder nicht bekannt oder nicht mehr beliebt war. Keiner der Theologen konnte mir eine schriftliche Quelle angeben, und in einem Fall wurde ich sogar gebeten, doch die Namen dieser Sünden mitzuteilen, sobald ich sie ausfindig gemacht hätte.

Schließlich fand ich nach einigen Monaten das, was ich suchte, pikanterweise in einem englischen Kriminalroman, dessen Detektiv während der Aufklärung eines Verbrechens über eben diese sieben Todsünden philosophiert. Und das lang Vergessene fiel mir wieder ein: Der Gobelin, die lateinischen Bezeichnungen, die mittelalterlichen Gestalten. Ich begann nachzudenken, was daran denn so tödlich sein könnte? Was machte sie gefährlicher als Mord?

Allmählich erkannte ich, dass mit ihnen ein tödliches Thema begann. Sie waren die ersten, kaum spürbaren Einbrüche in das vollkommene Leben. Diese Sünden sind nicht nur Fehler, nein, sie erzeugen auch selbst noch schlimmere Fehler. Jede dieser Sünden ist eine erste Verzerrung und Entstellung der Wahrheit, ein kleiner Riss im Gebäude unseres persönlichen Lebens. Wenn er größer wird und sich ausweitet, werden wir unmerklich weiter und weiter von uns selbst weggeführt, und aus dieser Entfremdung entstehen dann Mord, Hass und Todschlag. Wir erliegen zuerst der Macht der Täuschung, der Täuschung über uns selbst. Als Nächstes verringern sich unsere Hemmungen vor Gewalt, welcher Art auch immer, und schließlich finden wir uns dann, nach langem Missbrauch, ganz am Grunde jenes finsteren, grundlosen Abyssus, aus dem es keine Wiederkehr mehr geben soll. Dorthin gelangen wir aber erst, wenn wir zuvor unzählige Male gegen das Leben, die Liebe und die Wahrheit gehandelt und damit unsere Seele verletzt haben.

Diese Erkenntnisse spornten mich an, in der nicht alltäglichen Wirklichkeit nach den magischen Mustern zu suchen, die uns vor den Todsünden bewahren, oder helfen konnten, sie früh genug zu erkennen. Mit dieser klaren Absicht begab ich mich in die Welt des Wissens. Ich suchte und suchte, viele Male und viele Wochen lang – und fand nichts!

Es vergingen zwei Jahre in vergeblichen Versuchen, und ich musste schließlich erkennen, dass mir die Schilde der sieben Todsünden nicht zugänglich waren. Resigniert entschloss ich – die unermüdliche Schildesucherin – mich dazu, diesen Plan aufzugeben. In der darauf folgenden Nacht wurde ich durch einen heftigen Schlag ins Genick geweckt. Vor meinen Augen stand in unheimlichem phosphoreszierendem Licht ein schamanischer Schild, und ich wusste, dass er die Todsünde des Hochmuts darstellte. In ähnlicher Weise zeigten sich mir im Laufe der Zeit die noch fehlenden Schilde.

Der Vorgang ließ keine Eile erkennen, im Ganzen benötigte ich über ein Jahr dazu. Ein wochen- bis monatelanges Ringen ging jedem der Schilde voraus, bis er sich klar und kraftvoll zu erkennen gab. Obwohl ich gezielt auf die Suche ging, zeigten sich die Schilde in einer bestimmten Reihenfolge: Der Hochmut, die Trägheit, der Geiz, der Neid, der Zorn, die Unmäßigkeit und die Wollust. Jeder der Schilde war von einem ganz bestimmten und spürbaren Kraftfeld umgeben und unterschied sich daher von den üblichen schamanischen Mustern.

Der Hochmut – Superbia

Auf diesem Schild ist ein Totenschädel zu sehen. Die Halswirbelsäule ist gebrochen. Durch die oben beschriebene, drastische Erfahrung beim Auffinden des Schildes wurde mir klar, dass Hochmut einem Menschen »das Genick brechen« kann. Er glaubt, wertvoller oder größer als die anderen zu sein, trägt den Kopf hoch erhoben und schafft so bei sich eine empfindliche, verletzbare Stelle. Genau hier wird er dann von der Wirkung seines Hochmuts eingeholt: Er bricht ihm das Genick.

Ich habe mich immer gewundert, dass in der westlichen Welt Dummheit nicht als Sünde betrachtet wird. (Bei den östlichen Religionen zählt sie unter der Bezeichnung »Unwissenheit« zu den Untugenden.) Ich spreche hier nicht von einfältigen oder schlichten Personen, sondern von jener provozierenden Dummheit, die immer mit Dreistigkeit gepaart ist. Sie gehört für mich zu den gefährlichsten Verhaltensweisen überhaupt, und wenn ich etwas fürchte, dann sind es jene dumm-dreisten Menschen.

Meiner Meinung nach kann nur ein sehr dummer Mensch hochmütig sein, schließlich gibt es dazu auch das Sprichwort: »Dummheit und Stolz wachsen aus einem Holz.«

Der Schild gegen die Todsünde des Hochmuts umfasst gleichzeitig auch die Dummdreistigkeit, mit der er meist gepaart ist.

Die Darstellung des Schildes zeigt ganz deutlich, dass Hochmut den Tod in sich trägt, eine tödliche Strahlung, die sich gegen die Person selbst richtet: Der Totenschädel spricht eine überdeutliche Sprache.

Der Hochmut tötet zuerst die anderen, indem er sie abwertet, und schließlich sich selbst.

Der Neid – Invidia

Auch der Neid trägt den Tod in sich. Nie werde ich vergessen, wie sich mir dieser Schild das erste Mal zeigte: Ein dunkel glühender, an den Rändern grünlich leuchtender Schädel. Er spricht vom Tod für die andern, denen er etwas leidenschaftlich missgönnt. Die Gier nach dem, was ihm nicht gehört, ist stärker als die Liebe zum Leben, und so versprüht er den Tod. Nur wenn der andere vernichtet ist, verschwindet sein innerer Groll, der unaufhörlich an ihm nagt und ihn schließlich selbst auffrisst.

Der Neid hat Zeit, er lauert im Dunkeln. Neid scheint sehr tief im betroffenen Menschen verwurzelt zu sein, eventuell sogar über Generationen hinweg. Denken wir an all die Kriege, Familienfehden, Denunziationen, deren Triebfeder nichts anderes als der Neid war.

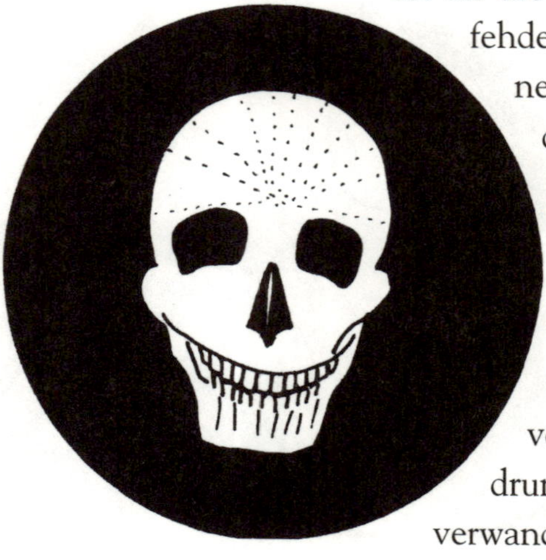

Neid will den anderen töten und wird dadurch so vom Tod durchdrungen, dass er in ihn verwandelt wird.

Geiz – Avaritia

Eine Schlange hat eine Kugel im Rachen, die zu groß ist, als dass sie hinuntergeschluckt werden könnte. Aber der Geiz kann selbst das nicht hergeben, was ihm unverdaulich oder gefährlich ist, und so erstickt die Schlange an dem Brocken, den sie nicht ausspucken will.

Das eindrucksvolle Bild spricht für sich selbst. Der Geiz gönnt keinem anderen etwas, und damit kommt er selbst zu Tode.

Zorn – Ira

Wie ein Blitz, der vom Himmel zuckt und einen Baum spaltet, so fährt der menschliche Zorn hernieder. Auch er tötet. Unbeherrschtheit und das Aufzwingen der eigenen Meinung lassen den anderen nicht leben. Der Schild zeigt auch, dass nur einige Sekunden des Zorns genügen, um einen lebenden Baum zu spalten. Der getroffene Teil fällt als verbranntes, totes Holz herab.

Der Zorn tötet die Liebe und gesunde Anteile am anderen.

Unmäßigkeit – Intemperantia

Die Unmäßigkeit oder Gier zeigt sich als alles verschlingender Moloch. Aus seinem Maul hängen Menschen und Gegenstände heraus, denn er frisst alles, was sich vor seinen Augen befindet. Diese unheimliche Figur zeigte sich mir vollkommen unbeweglich und lauernd. Obwohl der Rachen des Dämonen kaum noch fassen konnte, was er gefressen hatte, war er allein darauf ausgerichtet, sich mehr und mehr einzuverleiben. Sein hässlicher, unförmiger Körper war aufgequollen, dennoch schien er das Gefühl der Sättigung nicht zu kennen.

Die Gier tötet andere, um die eigene innere, entsetzliche Leere aufzufüllen.

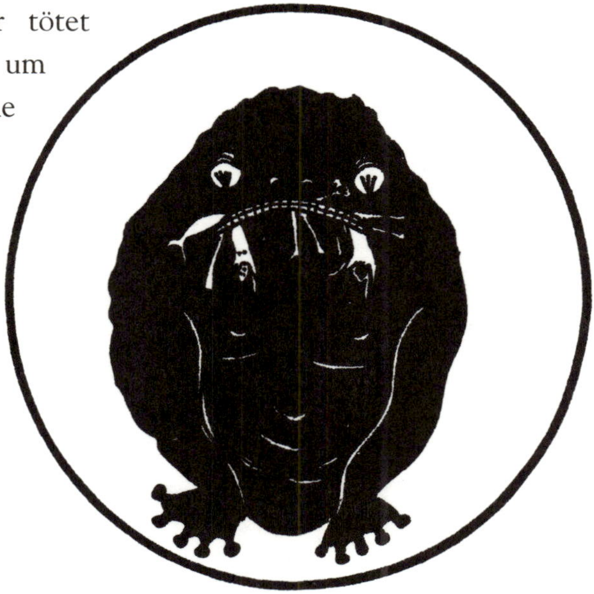

Trägheit – Inertia

Wer träge und faul ist, legt auch keinen Wert darauf, seinem Leben einen Sinn zu geben. Selbstmitleid, Laxheit und Melancholie lähmen und verhindern die eigene Entwicklung.

Der Schild zeigt einen Reifen, der aus Trägheit nicht zu einem vollkommenen Rund geschmiedet wurde. Der Mensch versäumt in dieser Lebensrunde, so vollständig zu werden, wie es seinem Auftrag entspräche. So fehlt ihm ein wichtiges Stück.

Die Trägheit bringt sich selbst den Tod, da sie die eigene Entwicklung absterben lässt.

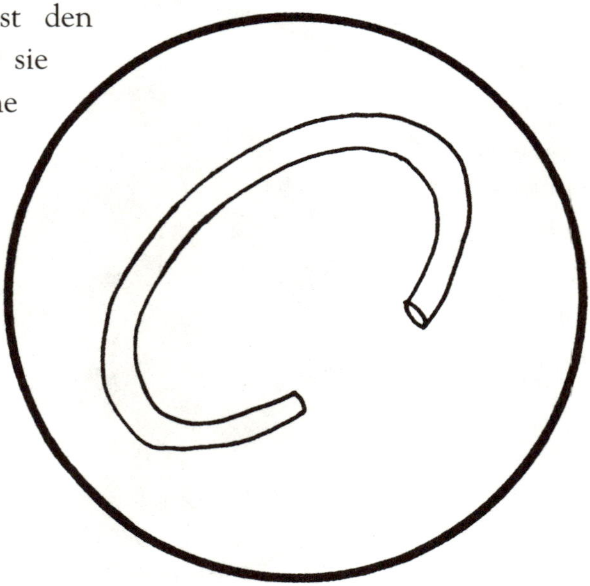

Wollust – Voluptas

Ein Mann will einer Frau die Gesichtshaut herunterreißen, um sie endlich völlig nackt zu sehen. Ein gutes Bild für die Wollust, die nach immer neuer Lust strebt, in der sie einmal die Offenbarung der Wahrheit zu finden hofft. Dass diese ein Unterfangen ohne Ende ist, bei dem die Partner nur benutzt werden, vermag kaum einer zu erkennen, der sich in die Fänge und Zwänge der Wollust begeben hat. Exzessive Lust um ihrer selbst willen wird unstillbar und will immer mehr und weiter genießen, ohne je Zufriedenheit und Erfüllung zu finden.

Wollust tötet den anderen, nachdem sie selbst in ihrem kalten Feuer gestorben ist.

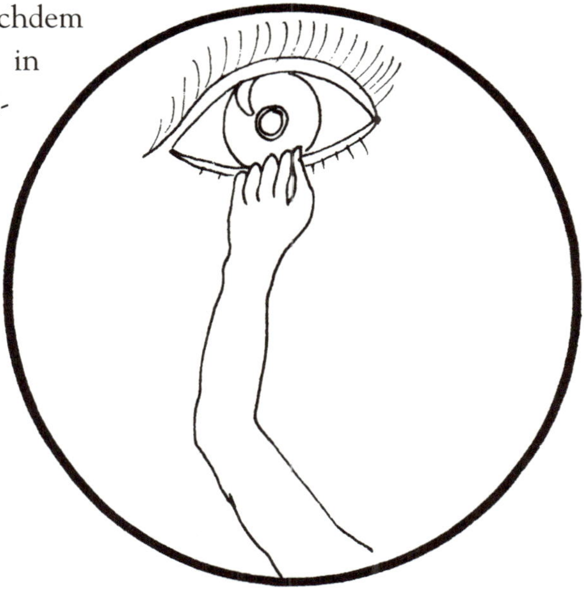

So trägt jede dieser Todsünden ihren Namen zu Recht. Sie bringen tatsächlich tödliche, lebensfeindliche Elemente in das Leben dessen, der sie begeht, und oft genug auch in das Leben anderer.

Je höher entwickelt ein Mensch ist, desto feiner sind die Fallstricke, über die er stolpern kann. Die sieben Todsünden zeigen die ersten feinen Risse und Einbrüche. Insofern können diese Schilde eine echte Hilfe sein, dieser Gefahr zu wehren. Deswegen empfehle ich jedem, der sich auf dem inneren Entwicklungsweg befindet, diese Schilde in seine Alltagsbetrachtung mit einzubeziehen. Meditieren Sie einige Tage mit jedem dieser Symbole.

Seltsamerweise werden die Todsünden in den kanonisierten Schriften des Neuen Testamentes nicht erwähnt. In den apokryphen, ursprünglich koptischen Evangelien aus Nag Hammadi (»Apokryphe Evangelien aus Nag Hammadi«, Edition Argo) werden sie erwähnt. Und zwar ausgerechnet im Evangelium der Maria von Magdala, der Gefährtin Jesu und gerade der Frau, die die Sünde wirklich gekannt hat. »Vergeben sind ihre vielen Sünden, denn sie hat viel geliebt. Wem aber wenig vergeben wird, der liebt auch wenig.« So spricht Jesus nach Lukas 7,47 von ihr. Leider ist das Evangelium der Maria von Magdala nur fragmentarisch erhalten, aber schon aus den wenigen Bruchstücken schimmern uns die Todsünden, die hier »Gewalten« genannt werden, in unheimlichem, dunklem Glanz entgegen.

Die erste Fehlentwicklung entsteht, wenn sich der Mensch in die Gewalt des Hochmuts begibt und sich gegen die kosmischen Gesetze entscheidet. Es ist jene Hybris, in der er meint, sich andere Menschen oder die Natur unterwerfen zu können, und die ihre entsetzlichsten Auswirkungen in diktatorischen Regimen und in der Ausbeutung unserer Erde gefunden hat. Der Ausdruck »Gewalt« umreißt viel unmittelbarer das eigentliche Geschehen, das sonst mit dem für uns abgegriffenen und langweiligen Begriff »Sünde« bezeichnet wird. Die Gewalt richtet sich als Erstes unmittelbar gegen das göttliche Licht in uns selbst und als Nächstes gegen alles, was »außerhalb« von uns ist. So werden Menschen, Tiere, Pflanzen und die ganze Schöpfung zu Objekten der Gewalt. Der erste Schritt in das fesselnde – im doppelten Sinne des Wortes – Reich der Finsternis ist getan.

Im apokryphen Text folgen die Gewalten der Begierde und der Unwissenheit. Ganz furchtbar enthüllt sich die vierte Gewalt, die siebengestaltig ist: »Die erste Gestalt ist die Finsternis, die zweite die Begierde, die dritte die Unwissenheit, die vierte die Verursacherin des Todes, die fünfte ist das Reich des Fleisches, die sechste der törichte Wahn des Fleisches, die siebte ist die Wissenschaft des Zorns.«

Es würde zu weit führen, die geheimnisvollen Worte an dieser Stelle zu erörtern, und ich möchte den Leser ermuntern, sich allein dahinein zu vertiefen.

Maria von Magdala gibt im Text an, dass Jesus das Thema der Todsünden oder Gewalten nur mit ihr allein besprochen habe, für die anderen Jünger ist es etwas Neues, das sie zum ersten Mal hören. Der Grund für diese Bevorzugung findet sich ebenfalls im Text: »Gesegnet bist du, da du nicht wankst bei meinem Anblick«, sagt Jesus zu ihr. Sie, die dem Angesicht des Erlösers standhielt, war auch in der Lage, den »Gewalten« standzuhalten und sie genau anzusehen. Wiederum finden wir im koptischen Text den Grund dafür angegeben: »Wie euer Herz ist, so ist euer Sehvermögen.«

Interessant ist auch, dass in direktem Anschluss an diese Schilderung die Jünger Petrus und Andreas eben in die erste der Gewalten eintreten, und zwar in die Hybris. So murrt Petrus sogleich: »Sollte er wirklich mit ihr unter vier Augen gesprochen haben? Hat er sie gegenüber uns bevorzugt?«

Auf die Hybris folgen Zorn, Anmaßung und Kränkung, und diese Gewalten bringen Maria von Magdala, die dem Bösen standhalten konnte, zum Weinen. Es tut eben weh, den Gewalten so unmittelbar zu begegnen.

19

Wie verwende ich die Glückssymbole richtig?

»Du hast drei Wünsche frei«, sagte die Fee, »verwende sie weise!« Diesen Satz aus einem Märchen könnte die gute Fee jetzt auch zu Ihnen sagen, denn Sie haben in diesem Buch schon viel über Glückssymbole erfahren und vielleicht auch schon deren Wirkungen ausprobiert. Sicher sind auch Sie von der Kraft der Glückssymbole überrascht. Ich wünsche Ihnen, dass Sie diese Magie in Ihren Alltag einbauen, sodass Sie und Ihre Familie davon profitieren können. Wenn Sie erfolgreich damit sind, haben Sie Folgendes richtig gemacht:

- Sie haben nur maximal drei Symbole für eine Person verwendet.

- Sie haben die Symbole zu Hause oder im Büro aufgestellt und sie lange genug wirken lassen.

- Eventuell haben Sie die Symbole selbst ausgemalt und sich meditativ darauf konzentriert.

- Sie haben Ihr Glückssymbol mehrmals täglich eine Minute lang betrachtet.

Ich weiß, dass die Glückssymbole nicht nur im privaten Bereich wirken, sondern ich kenne auch Therapeuten und Institutionen, die die Schilde auf eine überraschende Art und Weise praktisch anwenden. In einigen mir bekannten Akupunkturpraxen wird ein Symbol auf die Brust des Patienten gelegt, damit die Behandlung besser wirken kann, um nur ein Beispiel zu nennen. In anderen Unternehmen sind unauffällig Schilde im Büro aufgestellt, die ein harmonisches Arbeitsklima versprechen und Frieden unter den Kollegen schaffen. Auch bestimmte Projekte und Vorhaben können durch die Glückssymbole gefördert werden. Sie sehen also, ihrer Phantasie und Kreativität sind keine Grenzen gesetzt, wenn es um die Kraft der Glückssymbole geht, die in allen Lebensbereichen wirken.

Wenn Sie jedoch noch nicht mit der Wirkung der Symbole zufrieden sind, haben Sie vielleicht zu viele davon gleichzeitig verwendet. Es ist natürlich verführerisch bei all den Wünschen, die wir haben, nur einige wenige Schilde aufzustellen! Aber denken Sie doch an den Satz der guten Fee: »Drei Wünsche hast du frei.“ Erst wenn diese drei Wünsche erfüllt sind, dürfen Sie sich etwas Neues und anderes wünschen. Glauben Sie mir, die Glückssymbole können tatsächlich besser wirken, wenn Sie nur wenige davon (eben drei pro Person) verwenden. Manchmal ist weniger eben mehr.

Eine andere Möglichkeit für den ausbleibenden Erfolg könnte sein, dass Sie sozusagen das Thema verfehlt und ein nicht zutreffendes Symbol gewählt haben. Überprüfen Sie Ihren Wunsch noch einmal, formulieren Sie ihn neu und wählen Sie dann ein neues Symbol aus.

Wenn ein Glückssymbol zu Ihrer Zufriedenheit gewirkt hat, nehmen Sie es von seinem Platz und legen es in das Buch zurück. Sonst kann es vorkommen, dass das Symbol wie eine Art Radio wirkt, das niemals ausgeschaltet wird.

Wenn Sie diese Ratschläge beherzigen, haben Sie sicherlich besonderen Erfolg mit Ihren ganz persönlichen Glückssymbolen!

Vier besondere Glückssymbole

Auf dieser Seite finden Sie vier besondere Glückssymbole. Betrachten Sie die Schilde, die für Partnerschaft, Erfolg und Ausstrahlung, Ausgeglichenheit und für gut Zuhören-Können gedacht sind. Wählen Sie den Schild aus, der Sie am meisten anspricht. Diese vier Symbole wirken besonders gut, wenn sie miteinander kombiniert werden.

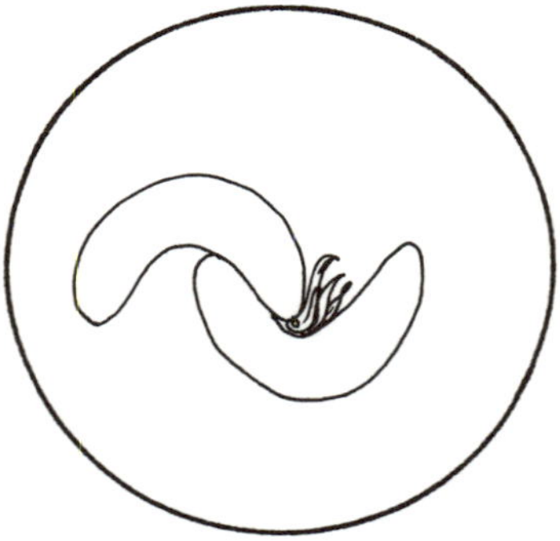

Symbol für Partnerschaft

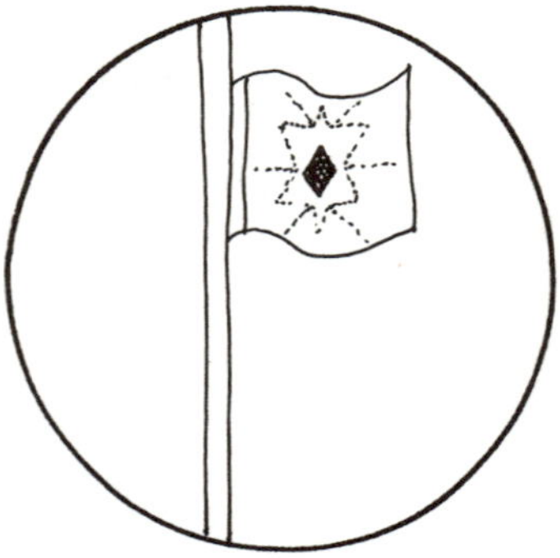

Symbol für Erfolg und Ausstrahlung

Symbol für Ausgeglichenheit

Symbol für Zuhören-Können

Begriffserläuterungen

Doppelschild
Ein Glückssymbol, das aus zwei verschiedenen Symbolen besteht, die gleichzeitig angewendet und aufgestellt werden. Das Symbol kann nur dann zur Wirkung kommen, wenn beide Zeichen gleichzeitig nebeneinander stehen. Das ist oft bei komplexen Themen der Fall.

Symbol
Ein Zeichen oder das Abbild eines Gegenstandes, denen eine bestimmte Bedeutung oder Aussage zugeschrieben wird. So wird zum Beispiel in der abendländischen Kunst die Lilie als Symbol für die Reinheit verwendet. Der Fuchs ist mit Schlauheit verbunden, die Taube mit dem Heiligen Geist, die rote Rose mit der Liebe, der Kreis mit Vollkommenheit usw.

Schamanismus
Über die ganze Welt verbreitete Trance-Erfahrung einer anderen Realität. Heute kann man aber von einer Inflation des Begriffs sprechen, der früher nur ethnologisch gebraucht wurde.

Schamane
Einer, der sehen kann und weiß, so lautet die Übersetzung der Silbe »Sha« aus der Sprache der Tungusen. Schamanen sehen die Ursachen für vielerlei Störungen

bei Mensch und Tier, während sie in Trance sind, und können sie dann behandeln. Sie sprechen mit den Geistern von Pflanzen und Tieren.

Hochfrequenzfotografie
Eine spezielle Methode, die menschliche Hand so zu fotografieren, dass auf dem farbigen Foto eine energetische Abstrahlung zu sehen ist. Fachleute können diese Fotos dann interpretieren.

Literatur

Braem, Harald: »Die magische Welt der Schamanen und Höhlenmaler.« Köln 1994.

Clottes, Jean, und Lewis-Williams, David: »Schamanen, Trance und Magie in der Höhlenkunst der Steinzeit.« Paris 1996.

Cooper, J. C.: »Illustriertes Lexikon der traditionellen Symbole.« Leipzig 1986.

Jung, C. G.: »Der Mensch und seine Symbole.« Olten 1968.

Nougier, Louis-René: »Die Welt der Höhlenmenschen.« Reinbek 1992.

Stolz, Alfred: »Schamanen, Ekstase und Jenseitssymbolik.« Köln 1988.

Walsh, Roger: »Der Geist des Schamanismus.« Olten 1992.

Bestelladresse für persönliche Glückssymbole

Ich hoffe, Sie haben mit diesem Buch und dem beigelegten praktischen Bogen »Ihre persönlichen Glückssymbole« viel Freude. Falls Sie aber ein ganz persönliches Anliegen haben, berate ich Sie gerne und fertige ein ganz spezielles Symbol für Sie an.
Das Symbol wird auf besonders wertvollem Papier, das in einer schamanischen Zeremonie mit besonderer Kraft versehen wird, für Sie angefertigt.

Monnica Hackl
Telefon 0190 86 59 86